心一堂術數古籍珍本叢刊

書名：《人鑑——命理存驗・命理擷要》（原版足本）附《林庚白家傳》
系列：心一堂術數古籍珍本叢刊　星命類　第二輯　142
作者：【民國】林庚白
主編、責任編輯：陳劍聰
心一堂術數古籍珍本叢刊編校小組：陳劍聰　素聞　鄒偉才　虛白盧主

出版：心一堂有限公司
通訊地址：香港九龍旺角彌敦道六一〇號荷李活商業中心十八樓〇五—〇六室
深港讀者服務中心‧中國深圳市羅湖區立新路六號羅湖商業大廈負一層〇〇八室
電話號碼：(852)67150840
網址：publish.sunyata.cc
電郵：sunyatabook@gmail.com
網店：http://book.sunyata.cc
淘寶店地址：https://shop210782774.taobao.com
微店地址：https://weidian.com/s/1212826297
臉書：https://www.facebook.com/sunyatabook
讀者論壇：http://bbs.sunyata.cc/

版次：二零一八年十一月初版
平裝

定價：港幣　一百七十八元正
　　　新台幣　六百九十八元正

國際書號：ISBN 978-988-8582-09-9

香港發行：香港聯合書刊物流有限公司
地址：香港新界大埔汀麗路36號中華商務印刷大廈3樓
電話號碼：(852)2150-2100
傳真號碼：(852)2407-3062
電郵：info@suplogistics.com.hk

台灣發行：秀威資訊科技股份有限公司
地址：台灣台北市內湖區瑞光路七十六巷六十五號一樓
電話號碼：+886-2-2796-3638
傳真號碼：+886-2-2796-1377
網絡書店：www.bodbooks.com.tw
台灣國家書店讀者服務中心：
地址：台灣台北市中山區松江路二〇九號一樓
電話號碼：+886-2-2518-0207
傳真號碼：+886-2-2518-0778
網絡書店：http://www.govbooks.com.tw

中國大陸發行　零售：深圳心一堂文化傳播有限公司
深圳地址：深圳市羅湖區立新路六號羅湖商業大廈負一層〇〇八室
電話號碼：(86)0755-82224934

心一堂微店二維碼

心一堂淘寶店二維碼

心一堂術數古籍 珍本 整理 叢刊 總序

術數定義

術數，大概可謂以「推算（推演）、預測人（個人、群體、國家等）、事、物、自然現象、時間、空間方位等規律及氣數，並或通過種種『方術』，從而達致趨吉避凶或某種特定目的」之知識體系和方法。

術數類別

我國術數的內容類別，歷代不盡相同，例如《漢書・藝文志》中載，漢代術數有六類：天文、曆譜、五行、蓍龜、雜占、形法。至清代《四庫全書》，術數類則有：數學、占候、相宅相墓、占卜、命書、相書、陰陽五行、雜技術等，其他如《後漢書・方術部》、《藝文類聚・方術部》、《太平御覽・方術部》等，對於術數的分類，皆有差異。古代多把天文、曆譜、及部分數學均歸入術數類，而民間流行亦視傳統醫學作為術數的一環；此外，有些術數與宗教中的方術亦往往難以分開。現代民間則常將各種術數歸納為五大類別：命、卜、相、醫、山，通稱「五術」。

本叢刊在《四庫全書》的分類基礎上，將術數分為九大類別：占筮、星命、相術、堪輿、選擇、三式、讖諱、理數（陰陽五行）、雜術（其他）。而未收天文、曆譜、算術、宗教方術、醫學。

術數思想與發展——從術到學，乃至合道

我國術數是由上古的占星、卜筮、形法等術發展下來的。其中卜筮之術，是歷經夏商周三代而通過「龜卜、蓍筮」得出卜（筮）辭的一種預測（吉凶成敗）術，之後歸納並結集成書，此即現傳之《易

經》。經過春秋戰國至秦漢之際，受到當時諸子百家的影響、儒家的推崇，遂有《易傳》等的出現，原本是卜筮術書的《易經》，被提升及解讀成有包涵「天地之道（理）」之學。因此，《易・繫辭傳》曰：「易與天地準，故能彌綸天地之道。」

漢代以後，易學中的陰陽學說，與五行、九宮、干支、氣運、災變、律曆、卦氣、讖緯、天人感應說等相結合，形成易學中象數系統。而其他原與《易經》本來沒有關係的術數，如占星、形法、選擇，亦漸漸以易理（象數學說）為依歸。《四庫全書・易類小序》云：「術數之興，多在秦漢以後。要其旨，不出乎陰陽五行，生尅制化。實皆《易》之支派，傳以雜說耳。」至此，術數可謂已由「術」發展成「學」。

及至宋代，術數理論與理學中的河圖洛書、太極圖、邵雍先天之學及皇極經世等學說給合，通過術數以演繹理學中「天地中有一太極，萬物中各有一太極」（《朱子語類》）的思想。術數理論不單已發展至十分成熟，而且也從其學理中衍生一些新的方法或理論，如《梅花易數》、《河洛理數》等。

在傳統上，術數功能往往不止於僅僅作為趨吉避凶的方術，及「能彌綸天地之道」的學問，亦有其「修心養性」的功能，「與道合一」（修道）的內涵。《素問・上古天真論》：「上古之人，其知道者，法於陰陽，和於術數。」數之意義，不單是外在的算數、歷數、氣數，而是與理學中同等的「道」、「理」--心性的功能，北宋理氣家邵雍對此多有發揮：「聖人之心，是亦數也」、「萬化萬事生乎心」、「心為太極」。《觀物外篇》：「先天之學，心法也。……蓋天地萬物之理，盡在其中矣，心一而不分，則能應萬物。」反過來說，宋代的術數理論，受到當時理學、佛道及宋易影響，認為心性本質上是等同天地之太極。天地萬物氣數規律，能通過內觀自心而有所感知，即是內心也已具備有術數的推演及預測、感知能力；相傳是邵雍所創之《梅花易數》，便是在這樣的背景下誕生。

《易・文言傳》已有「積善之家，必有餘慶；積不善之家，必有餘殃」之說，至漢代流行的災變說及讖緯說，我國數千年來都認為天災，異常天象（自然現象），皆與一國或一地的施政者失德有關；下至家族、個人之盛衰，也都與一族一人之德行修養有關。因此，我國術數中除了吉凶盛衰理數之外，人心的德行修養，也是趨吉避凶的一個關鍵因素。

術數與宗教、修道

在這種思想之下，我國術數不單只是附屬於巫術或宗教行為的方術，又往往是一種宗教的修煉手段--通過術數，以知陰陽，乃至合陰陽（道）。「其知道者，法於陰陽，和於術數。」例如，「奇門遁甲」術中，即分為「術奇門」與「法奇門」兩大類。「法奇門」中有大量道教中符籙、手印、存想、內煉的內容，是道教內丹外法的一種重要外法修煉體系。甚至在雷法一系的修煉上，亦大量應用了術數內容。此外，相術、堪輿術中也有修煉望氣（氣的形狀、顏色）的方法；堪輿家除了選擇陰陽宅之吉凶外，也有道教中選擇適合修道環境（法、財、侶、地中的地）的方法，以至通過堪輿術觀察天地山川陰陽之氣，亦成為領悟陰陽金丹大道的一途。

易學體系以外的術數與的少數民族的術數

我國術數中，也有不用或不全用易理作為其理論依據的，如揚雄的《太玄》、司馬光的《潛虛》。也有一些占卜法、雜術不屬於《易經》系統，不過對後世影響較少而已。

外來宗教及少數民族中也有不少雖受漢文化影響（如陰陽、五行、二十八宿等學說。）但仍自成系統的術數，如古代的西夏、突厥、吐魯番等占卜及星占術，藏族中有多種藏傳佛教占卜術、苯教占卜術、擇吉術、推命術、相術等；北方少數民族有薩滿教占卜術；不少少數民族如水族、白族、布朗族、佤族、彝族、苗族等，皆有占雞（卦）草卜、雞蛋卜等術，納西族的占星術、占卜術，彝族畢摩的推命術、占卜術……等等，都是屬於《易經》體系以外的術數。相對上，外國傳入的術數以及其理論，對我國術數影響更大。

曆法、推步術與外來術數的影響

我國的術數與曆法的關係非常緊密。早期的術數中，很多是利用星宿或星宿組合的位置（如某星在某州或某宮某度）付予某種吉凶意義，并據之以推演，例如歲星（木星）、月將（某月太陽所躔之宮次）等。不過，由於不同的古代曆法推步的誤差及歲差的問題，若干年後，其術數所用之星辰的位置，已與真實星辰的位置不一樣了；此如歲星（木星），早期的曆法及術數以十二年為一周期（以應地支），與木星真實周期十一點八六年，每幾十年便錯一宮。後來術家又設一「太歲」的假想星體來解決，是歲星運行的相反，週期亦剛好是十二年。而術數中的神煞，很多即是根據太歲的位置而定。又如六壬術中的「月將」，原是立春節氣後太陽躔娵訾之次而稱作「登明亥將」，至宋代，因歲差的關係，要到雨水節氣後太陽才躔娵訾之次，當時沈括提出了修正，但明清時六壬術中「月將」仍然沿用宋代沈括修正的起法沒有再修正。

由於以真實星象周期的推步術是非常繁複，而且古代星象推步術本身亦有不少誤差，大多數術數除依曆書保留了太陽（節氣）、太陰（月相）的簡單宮次計算外，漸漸形成根據干支、日月等的各自起例，以起出其他具有不同含義的眾多假想星象及神煞系統。唐宋以後，我國絕大部分術數都主要沿用這一系統，也出現了不少完全脫離真實星象的術數，如《子平術》、《紫微斗數》、《鐵版神數》等。後來就連一些利用真實星辰位置的術數，如《七政四餘術》及選擇法中的《天星選擇》，也已與假想星象及神煞混合而使用了。

隨着古代外國曆（推步）、術數的傳入，如唐代傳入的印度曆法及術數，元代傳入的回回曆等，其中我國占星術便吸收了印度占星術中羅睺星、計都星等而形成四餘星，又通過阿拉伯占星術而吸收了其中來自希臘、巴比倫占星術的黃道十二宮、四大（四元素）學說（地、水、火、風），並與我國傳統的二十八宿、五行說、神煞系統並存而形成《七政四餘術》。此外，一些術數中的北斗星名，不用我國傳統的星名：天樞、天璇、天璣、天權、玉衡、開陽、搖光，而是使用來自印度梵文所譯的：貪狼、巨門、祿存、文曲，廉貞、武曲、破軍等，此明顯是受到唐代從印度傳入的曆法及占星術所影響。如星命術中的《紫微斗數》及堪輿術中的《撼龍經》等文獻中，其星皆用印度譯名。及至清初《時憲曆》，置閏之法則改用西法「定氣」。清代以後的術數，又作過不少的調整。

此外，我國相術中的面相術、手相術，唐宋之際受印度相術影響頗大，至民國初年，又通過翻譯歐西、日本的相術書籍而大量吸收歐西相術的內容，形成了現代我國坊間流行的新式相術。

陰陽學——術數在古代、官方管理及外國的影響

術數在古代社會中一直扮演着一個非常重要的角色，影響層面不單只是某一階層、某一職業、某一年齡的人，而是上自帝王，下至普通百姓，從出生到死亡，不論是生活上的小事如洗髮、出行等，大事如建房、入伙、出兵等，從個人、家族以至國家，從天文、氣象、地理到人事、軍事，從民俗、學術到宗教，都離不開術數的應用。我國最晚在唐代開始，已把以上術數之學，稱作陰陽（學），行術數者稱陰陽人。（敦煌文書、斯四三二七唐《師師漫語話》：「以下說陰陽人謾語話」，此說法後來傳入日本，今日本人稱行術數者為「陰陽師」）。一直到了清末，欽天監中負責陰陽術數的官員中，以及民間術數之士，仍名陰陽生。

古代政府的中欽天監（司天監），除了負責天文、曆法、輿地之外，亦精通其他如星占、選擇、堪輿等術數，除在皇室人員及朝庭中應用外，也定期頒行日書、修定術數，使民間對於天文、日曆用事吉凶及使用其他術數時，有所依從。

我國古代政府對官方及民間陰陽學及陰陽官員，從其內容、人員的選拔、培訓、認證、考核、律法監管等，都有制度。至明清兩代，其制度更為完善、嚴格。

宋代官學之中，課程中已有陰陽學及其考試的內容。（宋徽宗崇寧三年〔一一零四年〕崇寧算學令：「諸學生習……並曆算、三式、天文書。」「諸試……三式即射覆及預占三日陰陽風雨。天文即預

定一月或一季分野災祥，並以依經備草合問為通。」

金代司天臺，從民間「草澤人」（即民間習術數人士）考試選拔：「其試之制，以《宣明曆》試推步，及《婚書》、《地理新書》試合婚、安葬，並《易》筮法，六壬課、三命、五星之術。」（《金史》卷五十一・志第三十二・選舉一）

元代為進一步加強官方陰陽學對民間的影響、管理、控制及培育，除沿襲宋代、金代在司天監掌管陰陽學及中央的官學陰陽學課程之外，更在地方上增設陰陽學課程（《元史・選舉志一》：「世祖至元二十八年夏六月始置諸路陰陽學。」）地方上也設陰陽學教授員，培育及管轄地方陰陽人。（《元史・選舉志一》：「（元仁宗）延祐初，令陰陽人依儒醫例，於路、府、州設教授員，凡陰陽人皆管轄之，而上屬於太史焉。」）自此，民間的陰陽術士（陰陽人），被納入官方的管轄之下。

至明清兩代，陰陽學制度更為完善。中央欽天監掌管陰陽學，明代地方縣設陰陽學正術，各州設陰陽學典術，各縣設陰陽學訓術。陰陽人從地方陰陽學肄業或被選拔出來後，再送到欽天監考試。（《大明會典》卷二二三：「凡天下府州縣舉到陰陽人堪任正術等官者，俱從吏部送（欽天監），考中，送回選用；不中者發回原籍為民，原保官吏治罪。」）清代大致沿用明制，凡陰陽術數之流，悉歸中央欽天監及地方陰陽官員管理、培訓、認證。至今尚有「紹興府陰陽印」、「東光縣陰陽學記」等明代銅印，及某某縣某某之清代陰陽執照等傳世。

清代欽天監漏刻科對官員要求甚為嚴格。《大清會典》「國子監」規定：「凡算學之教，設肄業生。滿洲十有二人，蒙古、漢軍各六人，於各旗官學內考取。漢十有二人，於舉人、貢監生童內考取。附學生二十四人，由欽天監選送。教以天文演算法諸書，五年學業有成，舉人引見以欽天監博士用，貢監生童以天文生補用。」學生在官學肄業、貢監生肄業或考得舉人後，經過了五年對天文、算法、陰陽學的學習，其中精通陰陽術數者，會送往漏刻科。而在欽天監供職的官員，《大清會典則例》「欽天監」規定：「本監官生三年考核一次，術業精通者，保題升用。不及者，停其升轉，再加學習。如能黽勉供職，即予開復。仍不及者，降職一等，再令學習三年，能習熟者，准予開復，仍不能者，黜退。」除定期考核以定其升用降職外，《大清律例》中對陰陽術士不準確的推斷（妄言禍福）是要治罪的。《大清律例·一七八·術七·妄言禍福》：「凡陰陽術士，不許於大小文武官員之家妄言禍福，違者杖一百。其依經推算星命卜課，不在禁限。」大小文武官員延請的陰陽術士，自然是以欽天監漏刻科官員或地方陰陽官員為主。

官方陰陽學制度也影響鄰國如朝鮮、日本、越南等地，一直到了民國時期，鄰國仍然沿用着我國的多種術數。而我國的漢族術數，在古代甚至影響遍及西夏、突厥、吐蕃、阿拉伯、印度、東南亞諸國。

術數研究

術數在我國古代社會雖然影響深遠，「是傳統中國理念中的一門科學，從傳統的陰陽、五行、九宮、八卦、河圖、洛書等觀念作大自然的研究。……傳統中國的天文學、數學、煉丹術等，要到上世紀中葉始受世界學者肯定。可是，術數還未受到應得的注意。術數在傳統中國科技史、思想史，文化史、社會史，甚至軍事史都有一定的影響。……更進一步了解術數，我們將更能了解中國歷史的全貌。」（何丙郁《術數、天文與醫學中國科技史的新視野》，香港城市大學中國文化中心。）

可是術數至今一直不受正統學界所重視，加上術家藏秘自珍，又揚言天機不可洩漏，「（術數）乃吾國科學與哲學融貫而成一種學說，數千年來傳衍嬗變，或隱或現，全賴一二有心人為之繼續維繫，賴以不絕，其中確有學術上研究之價值，非徒癡人說夢，荒誕不經之謂也。其所以至今不能在科學中成立一種地位者，實有數困。蓋古代士大夫階級目醫卜星相為九流之學，多恥道之；而發明諸大師又故為惝恍迷離之辭，以待後人探索；間有一二賢者有所發明，亦秘莫如深，既恐洩天地之秘，復恐譏為旁門左道，始終不肯公開研究，成立一有系統說明之書籍，貽之後世。故居今日而欲研究此種學術，實一極困難之事。」（民國徐樂吾《子平真詮評註》，方重審序）

現存的術數古籍，除極少數是唐、宋、元的版本外，絕大多數是明、清兩代的版本。其內容也主要是明、清兩代流行的術數，唐宋或以前的術數及其書籍，大部分均已失傳，只能從史料記載、出土文獻、敦煌遺書中稍窺一鱗半爪。

術數版本

坊間術數古籍版本，大多是晚清書坊之翻刻本及民國書賈之重排本，其中豕亥魚魯，或任意增刪，往往文意全非，以至不能卒讀。現今不論是術數愛好者，還是民俗、史學、社會、文化、版本等學術研究者，要想得一常見術數書籍的善本、原版，已經非常困難，更遑論如稿本、鈔本、孤本等珍稀版本。在文獻不足及缺乏善本的情況下，要想對術數的源流、理法、及其影響，作全面深入的研究，幾不可能。

有見及此，本叢刊編校小組經多年努力及多方協助，在海內外搜羅了二十世紀六十年代以前漢文為主的術數類善本、珍本、鈔本、孤本、稿本、批校本等數百種，精選出其中最佳版本，分別輯入兩個系列：

一、心一堂術數古籍珍本叢刊

二、心一堂術數古籍整理叢刊

前者以最新數碼（數位）技術清理、修復珍本原本的版面，更正明顯的錯訛，部分善本更以原色彩色精印，務求更勝原本。并以每百多種珍本、一百二十冊為一輯，分輯出版，以饗讀者。

後者延請、稿約有關專家、學者，以善本、珍本等作底本，參以其他版本，古籍進行審定、校勘、注釋，務求打造一最善版本，方便現代人閱讀、理解、研究等之用。

限於編校小組的水平，版本選擇及考證、文字修正、提要內容等方面，恐有疏漏及舛誤之處，懇請方家不吝指正。

心一堂術數古籍 珍本 整理 叢刊編校小組

二零零九年七月序

二零一四年九月第三次修訂

人鑑

序言

吾國言命數者。始於李虛中。而徐子平繼之。然虛中以年。子平以月。取法不同。其就人年月日時。列爲八字。推定吉凶。則皆瓣香子平者矣。晚近以來。坊間所傳。如三命通會、滴天髓、攔江網、星平會海、神峯闢謬、淵海子平、星平大成、子平眞詮諸書。各有理解。純駁不一。至若四庫舊存鈔本。如李虛中、岳珂、珞琭子等之撰著。則又陳義過高。非淺者能會。愚於命數之學。粗具一得。久欲有所闡發。與世之同好者。明辨而深思、顧人事侵尋、迄不得當。邇以朋輩督促至再。率爾操觚。輒成茲帙。命名人鑑者。蓋取張九齡以人爲鑑之意也。急就之作。掛漏滋多。補苴罅隙。俟諸異日。抑愚欲重有言者。愚意以爲命數之學。亦吾國哲學之一種。未可以迷信概之。何則。命數云者。蓋猶佛家所謂緣法。西人所謂機會也。宇宙間。信有緣法。有機會。又安得獨外命數。民國十有三年。八月十日。即夏歷立秋後三日。觀瀑主人戲墨。

例言

(一)本書倉猝付印未暇縝密研究應俟續編時再加訂正

(二)卷上附錄以遺老與方技同列蓋取史家體例恐有誤會並識於此

(三)本書付印爲期甚促近代要人八字未經列入者尚多特於卷末設補遺一帙仍有所得則俟續編

(四)卷上命理存驗所列八字推斷吉凶因多朋好間有曲筆閱者幸細心體察

人鑑卷上

觀瀑主人外集之一

命理存驗

目次

附錄

人鑑卷下

命理擷要

目次

清孝欽太后

比乙未（比才食）
食丁亥（印劫）
元乙丑（印殺才）
食丁亥（印劫）
胎元戊寅
立命午宮

初四戊子
十四己丑
廿四庚寅
卅四辛卯
四四壬辰
五四癸巳
六四甲午
七四乙未

八字純陰。兩亥夾丑。各拱子水貴人而納音土金相生。尤載福之象。命宮坐午火長生。食神得祿。寒木向陽。皆屬特點。丑未沖開帝闕。兩亥爲帝座。峙其左右。垂簾而治。於此可見孝欽爲女中傑出之才。其英果有爲。視金輪皇帝。殆無慚色。故不當以尋常婦女倚賴夫子者例之。雖刑尅無傷也。巳未戊戌年。沖動帝座。食神入墓。幸丑戌未刑開墓庫。故化凶爲吉。庚子甲午歲運相戰。故有拳匪之亂。乙運比肩。老憎生旺。又戊申流年。戊寅戊申沖破胎元。乙未乙丑之金。得丁亥之土。以資生扶。而丁亥之土。又以戊寅爲之根。戊申沖之。宜其上賓矣。此格與宋李太后。頗相彷彿。然李后八字係乙亥丁亥乙巳丁亥。火土相生。非土金相生。且巳亥沖破帝座。故李后事業。遠不逮孝欽也。

黃興

比甲戌　官イオ　　初六乙亥
比甲戌　官イオ　　十六丙子
元甲寅　比食才　祿　　廿六丁丑
比甲戌　官イオ　　卅六戊寅
胎元乙丑　　四六己卯
立命申宮　　五六庚辰

日主專祿。天元一氣。而八字又得純陽之力。故以書生。崛起草莽。種族革命。卒以收功。其生蓋有自來矣。甲爲參天之木。雖值秋令。能耐肅殺。所謂松柏後彫者。四比助之。行戌運。身旺任財。一鳴驚人。亦固其所。惟初交戌運。値己酉庚戌流年。酉戌會成煞局。損祿。戌係火庫。不見刑冲。故此兩年。皆有虎尾春水之懼。至辛亥流年。寅亥會祿。甲木長生。宜勃然而興。壬子印綬。專祿所喜。癸丑下半年。丑戌又刑出七煞。故二次亡命。丙辰四十三。在寅運中比肩分祿。且在地支。尤屬破格。辰戌冲庫。三戌一辰。故先吉後凶。討袁之役。雖幸告成。終於賫志。未竟厥施。蓋專祿格。旺氣所聚。畏官煞尅制。又畏比肩分祿。二者並值。必無幸矣。鄭汝成八字。係乙卯日主。行卯運卯年。被人狙擊。可與克強此造參閱。

袁世凱

食　己未　卩食比　刃
煞　癸酉　才　文昌　長生　貴人
元　丁巳　財劫イ
比　丁未　卩食比　刃
胎元甲子
立命丑宮

四歲壬申
十四辛未
廿四庚午
卅四己巳
四四戊辰
五四丁卯

項城八字。淺者但以獨殺貴之。或美其食先殺後。或則稱其拱祿。余詳加推究。而後知此造。固自有其特殊之點。苟僅取獨殺有制格。或拱祿格。不過一疆帥耳。蓋此造妙處。全在見不見之形。未酉中拱申馬。（正財爲馬）巳未中拱午祿。是謂夾拱祿馬。一貴也。未年生人。以丑爲帝闕。八字見巳酉而不見丑。且巳酉會局。邀出丑字。是謂虛邀帝闕。二貴也。夾拱祿馬。虛邀帝闕。余所見八字。惟清帝康熙而已。然康熙八字。甲午戊辰戊申戊午。係夾拱貴祿。虛邀帝闕。且子爲帝闕。在戊申旬內。不落空亡。故能保六十餘年帝業。而項城則丑字旬空。故僅得八十三日稱制。卯酉冲破巳酉會局之勢。則全盤牽動。宜其亡也。

馮國璋

財戊午 食才 文昌 長生
比乙丑 印殺才
元乙巳 官亻財
官庚辰 比財印 庫
胎元丙辰
立命子宮

初十丙寅
二十丁卯
三十戊辰
四十己巳
五十庚午
六十辛未

河間入字。其佳處。固在時上獨官。而小寒後癸水用事。丑辰中各藏癸水。又辰與子宮。半會水局。陰寒已極。得午支食神。所謂寒者暖之。亦一貴也。四十五歲巳運起。官星長生。食神乘旺。故自癸卯後。漸露頭角。庚午十年。功成名就。辛運甫交。未屆半載。旋即下台。蓋殺來混官。爭權無已。而己未年。冲開丑庫。癸水益泛濫。不亡何待。王夔石相國八字。係寒木向陽格。與此亦略同。惟庚金官星。未得支神之助。而食神亦未得祿。故略遜。王之八字爲庚寅丁亥乙巳戊寅。巳亥冲破長生。寅時又官星絕地。兩相較量。自非河間之比。

瞿鴻璣

官庚戌 才食殺
梟癸未 食才比
元乙亥 刦印
傷丙戌 財食殺
胎元甲戌
立命子宮

初六甲申
十六乙酉
廿六丙戌
卅六丁亥
四六戊子
五六己丑
六六庚寅

水火傷官。正官透干。得根於未。命宮又坐子水日貴。皆屬佳象。而亥未邀卯。二戌合卯。爲邀合日祿格。尤非尋常八字所有。故以狀元累遷至宰相。蓋見不見之形也。丁亥戊子己運皆佳。戊己財旺生官。子水日貴。位正首揆。丑運三刑。庚運重官。皆瑕瑜參半。寅運生旺。故歸道山。

趙秉鈞

殺戊午　財官
亻乙丑　刼官印
元壬申　卩比殺　驛馬
亻乙巳　卩才殺

胎元丙辰
立命戊宮

初一丙寅
十一丁卯
廿一戊辰
卅一己巳
四一庚午
五一辛未

納音兩火兩金。鍛鍊成器。戊午見乙丑。爲驪珠耀日。壬申見乙巳。爲燈花拂劍。宜其權秉文武位至首揆矣。以子平生尅之理推之。大寒後土旺。七殺透干。又得午丑申巳暗藏戊己。爲之羽翼。煞旺身弱。其理甚明。故辛運正印。生扶壬水日元。強台直上。最爲得意。一交未運。丑未冲動正官。官煞益爭權不已。甲寅流年。寅申巳三刑。七殺長生。宜罹不測矣。

錢能訓

			運
殺己巳	印財官	貴人	初五丙子
才丁丑	比印殺		十五乙亥
元癸丑	比印殺	刃	廿五甲戌
財丙辰	食官比		卅五癸酉
			四五壬申
胎元戊辰			五五辛未
			六五庚午
立命子宮			七五己巳

小寒浹旬。辛金當令。八字雖缺金。而元機暗藏。所以爲貴。且巳丑暗邀酉金。辰又與酉暗合。謂之鳴鳳來儀格。亦見不見之形也。四十歲交酉運。三合金局。生扶癸水日元。故強臺直上。蓋四柱土多。兩財生之。則日元稍弱。酉運印局。宜不惡矣。壬運刦財挈身亦佳。戊午流年交入申運。申中初藏有庚金。正印用事。位至首揆。己未癸丑。天冲地尅。煞強身淺。是冬下野。然申爲印綬得祿。刦財長生之鄉。仍屬佳運。現在辛運。梟神受制於丁。丁卯一年。兩丁尅辛。防有疾厄。未丑冲開金庫。惟未中有七煞。瑕瑜互見。庚運大佳。所爭者丁卯五十九歲一關耳。

錢於今年竟死。無待丁卯。凡劣運動機之速如此。亦可畏哉。

姜桂題

傷癸卯 財
煞丙辰 比財印
元庚申 比印食 祿
刃辛巳 印煞比 長生

胎元丁未

立命中宮

初四乙卯
十四甲寅
廿四癸丑
卅四壬子
四四辛亥
五四庚戌
六四己酉
七四戊申

清明後十日。乙木當令。財旺生煞。惟庚申專祿。又有辛刃相挈。日元亦有氣。癸水傷官。透干制煞有力。三十四後便佳。亥運冲巳。故小有蹉跌。庚戌己酉戊申二十五年。印比刃梟。扶身敵煞。一派坦途。蓋壬癸水雖可制煞。究屬洩氣。不及比刃印綬。一面挈身。一面又可敵煞也。中運重祿。老憎生旺。故大限止此。

李純

煞乙亥 財官　初三甲申

煞乙酉 食 文昌 長生　十三癸未

沖

元己卯 煞　廿三壬午

傷庚午 印 比祿　卅三辛巳

胎元丙子　四三庚辰

立命寅宮　五三己卯

土弱金強。非時支見午。何以自存。七煞雖多而食傷乘旺。制煞太過、巳運正印。生扶己土。故卅八至四十三。開府江右。功業甚盛。辛運食神制煞。本劣。下有巳火尅制之。則辛食失其制煞之能。巳又辛之絕地也。庚運兩乙兩庚合化。卯酉本已冲去。支煞至此而三乙皆滅。宜自〻殺矣。初交庚運。值丁巳戊午己未。火土流年。故移節金陵。反似得意。實則禍機已伏。而庚運所以不免者。下有辰土生扶之。其勢愈盛耳。由此類推。可於神峯蓋頭之說外。別有會心。行運必以十年爲斷。又其一證。

伍廷芳

財壬寅　官印刦
梟丁未　合　殺比印刃
元己卯　殺
殺乙亥　三合　財　官
胎元戊戌
立命戌宮

初一戊申
十一己酉
廿一庚戌
卅一辛亥
四一壬子
五一癸丑
六一甲寅
七一乙卯

納音五行俱足。四柱官煞全彰。丁壬又合成木。應以從煞論。故甲寅乙卯。前後廿年。財權兩旺壬戌流年。脫卯交丙。印綬生身。從煞所忌。故歸道山。凡五行俱足者。有生生不絕之機。必享大年。至此造完全缺金。以亥卯未。暗冲巳酉丑食神。又見不見之形矣。

楊士琦

才辛酉　才　文昌　長生　貴人　　初十庚子
才辛丑　殺　才庫　食　　二十己亥
元丁亥　官貴人　印祿馬　　三十戊戌
印甲辰　印　亻　殺　　四十丁酉
胎元壬辰　　五十丙申
立命亥宮　　六十乙未

丁亥爲胞胎印綬。而亥中甲木透出時干。尤爲可貴。惟財多破印。是其所忌。丙丁運極佳。蓋以比刦去財存印也。酉運有丁字蓋頭。故亦無妨。申運財旺。且印綬絕地。又值戊午流年。甲木死於午。用神死絕。宜不能免矣。

湯化龍

煞甲戌　印イ比　初四丙子
官乙亥　殺才　十四丁丑
元戊子　財　廿四戊寅
財癸亥　殺才　卅四己卯
胎元丙寅　四四庚辰
立命午宮　五四辛巳

五行納音。四火一水。有水火既濟之妙。身煞兩停。而戌中丁火正印。元機暗藏。得祿於命宮午火。則弱而不弱。甲乙木生扶丁火印綬。不以尅身論。故自己運起。刦財幫身。且合煞留官。漸入佳境。名滿海內。一鳴驚人。己酉流年。當選湖北省議會議長。卯戌化火。卯運末。丁巳流年。正印透露。日元得祿。故任內務總長。是年冬月。交換庚運。制煞既嫌其太過。又洩氣逾量。（土去生金。）譬諸病夫。上吐下瀉。危殆必矣。交庚後即辭職出游。戊午流年。子午冲刃。又戊子戊午。返吟重冲。故猝遇狙擊。卒以喪身。八字無絲毫陽氣。雖有暗藏之丁。命宮之午。皆陰類干支。一望而知爲深沉有機變者。命理之驗如此。

楊士驤

傷庚申　刦財イ　貴人　初八乙酉
官甲申　刦財イ　貴人　十八丙戌
元己丑　比食才　廿八丁亥
才癸酉　食　文昌　長生　卅八戊子
胎元乙亥　四八己丑
立命子宮　五八庚寅

八字完全缺火。以兩申暗合巳火印綬。以丑酉虛邀巳印。謂之邀合正印格。亦見不見之形也。亥戌子三運皆佳。蓋亥巳暗冲。戊巳同宮。子水為己土貴人。又巳印胎鄉。故尤得意。己運比肩尅制時上偏財。（戊巳同宮。故不以合癸論）己申爭官。亦其一病。故騎箕西去。此造傷官見官。而官星自坐絕地。（甲木絕於申）不壽之徵。端由於是。若就正格推之。非僅行運不符。且八字亦無甚可貴。用實不如用虛。其驗如此。

程璧光

刦己未（官刦印　貴人）
食庚午（刦刃　印）
元戊戌（亻印比）
才壬子（財）
胎元辛酉
立命戊宮

初八己巳
十八戊辰
廿八丁卯
卅八丙寅
四八乙丑
五八甲子

身旺任財。比刦太過。喜官煞以去之。乙運正官。丑未冲開官庫。故位至海長。甲運七煞。去刃存財。本爲財權兩旺之象。乃午月土旺。甲己化土。吉神逢合。化爲忌神。又值戊午流年。陽刃倒戈。宜遭狙擊矣。子時冲午。故一生無子。

朱瑞

刼癸未	官イ財		初五甲子
傷乙丑	印刦官		十五癸亥
元壬戌	財印殺 庫		廿五壬戌
印庚子	刦 刃		卅五辛酉
胎元丙辰			四五庚申
立命卯宮			五五己未

殺旺身弱。月上乙木。制煞爲福。故亥壬十年。生扶乙木。挈助壬水。極爲順利。戊運刑開未庫。乙木益有力。又値亥子丑寅卯流年。且壬水蓋頭。食其餘蔭。宜開府臨安矣。丙辰流年。天冲地尅。歲運又冲。宜變起蕭牆。倉皇出走。蓋戌未土旺。丙辰又冲開土庫。火土相生。七殺太旺也。三十五交辛運。破了傷官。宜不獲免。

藍天蔚

煞丁丑 食比梟　　初五壬寅
食癸卯 才　　十五辛丑
元辛卯 才　　廿五庚子
印戊戌 比印殺　　卅五己亥
胎元甲午　　四五戊戌
立命辰宮　　五五丁酉

歲干獨煞。得根於戌。丑戌刑而丁煞益顯。乃兩卯爭欲合戌。刑而不刑。木旺金囚。印入敗地。益以煞旺。其何以自存。子運長生。合丑化土。印綬生身。自保佳境。己雖制食。究保生金。故先泰後否。亥運會財。辛酉流年。卯酉冲祿。財旺生煞。祿冲而身益不振。故及於難。

威廉第二

印庚申 印刦官　初五庚寅
殺己丑 比印殺　十五辛卯
元癸酉 卩　廿五壬辰
比癸丑 印殺比 刃　卅五癸巳
胎元甲辰　四五甲午
立命寅宮　五五乙未

余於乙卯夏間。覓得威廉第二。年月日時。因取中西歷參合。演成上列八字。即知其戊午己未之交。必大失敗。擬以法文投函西報。因循未果。已而果如余所測。可見命數所定。雖歐美人。亦莫可倖免也。此造木火全缺。可謂奇特。而胎元納音屬火。命宮坐寅屬木。又補其不足。大寒後土旺。則透干之煞。極爲強悍。年上印綬生扶日元。具徵國基之鞏固。癸運挈身。且三癸彙聚。尤屬得力。巳酉丑三合金局。自更進步。甲己合煞。午運去梟存印。故前後二十年。如日之升。乙運制煞。乃合化成金。故甲寅流年。一交乙運。歐戰遂起。戊午己未。在交脫之間。未丑沖刃。七煞乘勢。戊己官煞。又爭權不已。故國內革命。一蹶不振。幾爲拿破崙之續。是則命理之驗。又彰明較著矣。

孫中山

印 乙丑 殺 才庫 食
比 丁亥 官貴人 印驛馬
元 丁酉 才 文昌 長生 貴人
官 壬寅 印イ刦

胎元戊寅
立命卯宮

初六丙戌
十六乙酉
廿六甲申
卅六癸未
四六壬午
五六辛巳

三奇局秀鳳騰翔。即此造之謂也。惟官印俱備。而帶偏財。三奇不完。且命宮癸卯。與丁酉日元。天冲地尅。故生平事功。歷險阻艱難而後成。乙丑武庫之眞者。故每握兵符。驛馬貴人坐於天門。故一生奔走得位。壬運合化兩丁。辛亥一年。又貴登天門。宜膺第一任總統。癸丑七殺混宮。又亡命。午運祿堂。復爲黨魁。且護法首功。所以挫折者。八字未純之故。以運論固佳。

徐世昌

食乙卯　貴食 人
財丙戌　才印官 庫
元癸酉　卩
財丙辰　食比官
胎元丁丑
立命卯宮

初六乙酉
十六甲申
廿六癸未
卅六壬午
四六辛巳
五六庚辰
六六己卯

東海八字。最難推究。淺者謂其沖中逢合。即以取貴。不知此等格局甚多。未足爲奇。以正格論之。雜氣財庫。丙火透出。辰戌沖開。木火相生。財星得令。癸水失之弱。故行金水運皆佳。而辰未沖出癸水比肩。尤美。然此自行運之否泰而言耳。其八字本體。貴徵安在。至可尋味。余覃思數稔。直至前日。始恍然大悟。蓋酉戌包藏申亥。卯辰包藏寅巳。申亥在酉戌之前後。寅巳在卯辰之前後。愈覺有力。若改作酉辰卯戌。或卯戌辰酉。皆不能包藏矣。寅申巳亥爲四孟。四孟全備。富貴已極。矧其屬於見不見之形哉。(用實不如用虛。)已運七殺尅制癸水。且格中財官皆正。偏者爭權。患其所忌。初交巳運。因庚申辛酉。流年大佳。故尚能支持。壬戌流年。壬尅丙。戌沖辰。故狼狽下野。丁卯流年在己卯大運中。歲運悉係沖尅。(己卯與癸酉。丁卯與癸酉) 防大限。

徐樹錚

煞庚辰 印才封 庫

傷丁亥 比印 長生

元甲辰 印才封 庫

印壬申 才殺印印

胎元戊寅

立命戌宮

初十戊子

二十己丑

三十庚寅

四十辛卯

五十壬辰

六十癸巳

歲煞得祿。月上透出丁火傷官。賓以制煞。而甲木日元。得長生於亥。亦不盡弱。寅運日元得祿。又木火相生。故自三十五至四十。極爲得意。辛運正官與七煞爭權。庚申流年。七煞勢盛。益來混官。宜作逋客矣。今年十月後。交入卯運。卯木陽刃。刃煞相顯。申子辰又三合會局。有意外機遇。乙丑流年亦佳。丙寅丁卯。大有發展。戊辰己巳。財官兩旺。惟己巳下半年。交入壬運。壬水梟神。非其所喜。內值壬申流年。五十三歲。防不測風波。甲戌五十五。冲開辰庫。又入佳境。乙亥丙子兩年。強台直上。權位益隆。六十歲癸運。癸水傷丁。急流勇退。否則辛巳流年。六十一歲。有虎尾春冰之懼。慎之慎之。

○ 黎元洪

印甲子 煞　　初八乙亥
印甲戌 イ比才　　一八丙子
元丁巳 イ刦財　　二八丁丑
煞癸卯 卩　　三八戊寅
胎元乙丑　　四八己卯
立命辰宮　　五八庚辰

身煞兩停。八字缺金。其優柔寡斷。一望而知。此造妙處。在卯巳拱辰。戌子拱亥。辰爲龍。亥爲雲。所謂龍雲際會格。亦見不見之形也。歲君逢辰亥最吉。而大運値之。則反不美。此等格局。忌塡實耳。己卯十年。制煞帮身。宜其扶搖直上。庚運生煞。非其所喜。去年癸亥。又係天冲地尅。全軀失位。已屬大幸。今年甲子。癸煞得祿。尤宜謹慎。丙寅六十三。交足辰運。辰戌冲開火庫。當有動機。惟辰龍塡實。必先吉後凶。於庚午年。見其凶兆。

段祺瑞

比乙丑 官殺才
才己卯 比祿
元乙亥 印劫 驛馬
印壬午 食才 長生
胎元庚午
立命申宮

初一戊寅
十一丁丑
廿一丙子
卅一乙亥
四一甲戌
五一癸酉
六一壬申

合肥八字。係交祿格。而以乙丑爲眞武庫。故權秉文武。蓋己祿在午。壬祿在亥。乙祿在卯。除丑字外。交互得祿。旺氣所聚。最忌冲破。而不畏生扶。蓋與曲直專祿等格同其運用也。甲己化土。戌丑刑開武庫。故乙巳四十一後。漸展懷抱。乙卯五十一。交入癸運。梟神與正印爭權。故此五年中升沈無定。庚申五十六。交足酉運。卯酉冲祿。直皖之役。當然不利。現仍在酉運。官煞爲祿神所忌。仍難稱意。惟今年甲子。子午一冲。恐有動機。欲其稱意。則須待明年乙丑。六十一歲。春夏之交。壬運正印。扶起旺氣。美不可言矣。就中尤以丁卯戊辰兩年最佳。己巳天冲地尅。尙待研究。以理論。在壬運中。當爲逢凶化吉之象。庚午六十六。又換申運。急流勇退。癸酉六十九。防大限

王士珍

刃辛酉 刃
煞丙申 比食卩 祿
元庚子 亻
煞丙戌 刦官卩
胎元丁亥
立命亥宮

初五乙未
十五甲午
廿五癸巳
卅五壬辰
四五辛卯
五五庚寅
六五己丑
七五戊子

此造以申酉戌。暗冲寅卯辰。爲冲財格。不見甲乙。並暗藏之木。亦不可得。又所謂見不見之形也。申酉戌子。虛一亥字。而命宮坐亥。虛邀丑未貴人。又爲虛邀貴人格。蓋未在申酉戌亥子之前。而丑在申酉戌亥子之後也。寅卯運不佳。庚辛運反屬稱意。可見冲財之妙。寅卯塡實也。時上七煞。故無子。現仍在寅運末。明年乙丑。六十五歲。交足己運。正印生身。冲財格喜印。虛邀貴人格喜見己丑。爲貴人本家。此五年。當極稱意。必可再起。丑運貴人塡實。却無取矣。（現在寅運。寅申冲財。寅財塡實。皆非佳象。必待明年七月後。寅運交脫。方可進取。在寅運中。仍宜保守。否則殆矣。

曹錕

食壬戌 刦官卩　初九癸丑
食壬子 亻　十九甲寅
元庚子 亻　廿九乙卯
煞丙子 亻　卅九丙辰
胎元癸卯　四九丁巳
立命巳宮　五九戊午

此造或取飛天祿馬格。或取金水眞傷官格。余以爲皆僅得半者也。此造金寒水冷。而日主又弱。食傷旣多。制殺太過。妙在八字純陽。丙火七殺。雖不甚旺。有陽氣助其不足。乃黍谷回春之象。四十四歲辰戌冲開火庫。七煞始顯。辰土又可生扶日主。故四十四後。強台直上。屢握兵符。丁壬化木生煞。巳爲庚金長生。丙火祿堂。尤美。五十九戊運以土去水。尅盡食傷。則丙煞得用。宜其威權日隆。卒以當選一國元首也。惟今年甲子。與戊午歲運相戰。且乙丑即交足午運。今年在交脫之秋。三子冲午。在飛天祿馬格。爲塡實。在金水眞傷官格。爲見官。（金水傷官雖喜見官。亦不宜冲尅太過。）在制煞太過格。爲官殺爭權。且三子一午。水旺火衰。今夏五月。或冬間十一月。恐有凶象。水旺火衰。冲尅太過。或主政躬違和。所喜丙寅起。仍屬佳運。直至交申。前後廿年。如日之升。

張作霖

財乙亥　食才　天池
印己卯　財
元庚辰　財卩イ　魁罡
刃辛巳　比煞卩　長生
胎元庚午
立命酉宮

初五戊寅
十五丁丑
廿五丙子
三五乙亥
四五甲戌
五五癸酉

魁罡日主。八字同出一旬。庚辰爲金龍。得卯巳風雷夾拱。亥爲天池。龍躍天池。風雷助之。其變化不測。從可喻已。倘僅就普通子平之理推測。充其量一師旅長耳。亥運爲雲。以天池之龍。風雷震之。又隨雲上天。故自甲寅至己未。威權日隆。動關時局。甲戌與庚辰。天冲地尅。若以冲開水庫而論。美不可言。若以魁罡忌冲尅而論。必失位喪身。現仍在甲運之末。今年二月。即交入戌運。甲戌爲此造八字之旬首。彙聚於一。大有動機。壬戌在甲運。直奉之役。喪其師徒。大挫銳氣。論者謂爲魁罡忌冲之證。然壬戌與甲戌不同。正未可一例。蓋甲戌己卯。六合之眞。(因其同出一旬)貪合忘冲。似又不當以冲尅論。(是則冲開水庫。與冲尅魁罡兩說。皆非所論矣。

吳佩孚

官甲戌　食印劫
劫戊辰　劫殺才　庫
元己酉　食　將星　文昌
劫戊辰　劫殺才　長生　庫
胎元己未
立命中宮

初五己巳
十五庚午
廿五辛未
卅五壬申
四五癸酉
五五甲戌

吳子玉八字。自言係卯時。余以子平及河洛之理。反覆推究。皆屬不合。又以寅辰兩時勘之。辰時最符。今即以辰斷。蓋穀雨後酉爲將星。而辰戌夾拱將星。宜其大貴。若非兩見戊辰於月時。易以其他之辰。又非所論。東海八字。兩丙坐辰戌。夾拱癸酉。與此頗彷彿。此造除甲酉外。五字皆土。非甲木以疏之。酉金以洩之。則土雖厚重。不毛之地耳。四柱缺水。故癸運一鳴驚人。壬戌冲開水庫。庚申半會水局。直晥直奉之後。功高震主。亦固其所。現在酉運。兩酉兩辰。水庫逢合。似不甚佳。惟今年甲子。辰子又半會水局。己土貴人在子。極盛難繼。明年乙丑則殆矣。若能急流勇退。甲戌十年。功名蓋世。

辛酉年在豫遇刺。足證酉字。患其所忌。蓋墓庫宜冲不宜合。值喜神尤須刑冲。則庫中之物。方能顯露。若值忌神。又當別論。

唐繼堯

	天干	地支			大運
傷	癸	未	財官印	庫貴人	初三己未
比	庚	申	比食卩	祿	十三戊午
冲					
元	庚	寅	卩才殺		廿三丁巳
食	壬	午	印官		卅三丙辰
胎元	辛	亥			四三乙卯
立命	卯	宮			五三甲寅

八字納音。完全屬木。蘭台妙選所謂紅圍綠遶。亦見不見之形也。惜生於秋令。不得其時。而胎元納音屬金。尅木破格。又美中不足。若以子平常理推之。立秋後水旺。壬申癸寅午。皆爲洩氣。僅一未土正印臨貴。扶助日元。淺者以極旺論。未得其眞。蓋壬水進氣於立秋。庚雖得祿。尚本當王。此不可不審也。(然亦不爲弱)。巳丙十年最佳。因獨財受制。去比則存財。辰申會水局。初交乙木。一度下野。壬戌流年。交辰中戊土。寅午戌三合火局。官煞太旺。幸辰戌冲開土庫。合而逢冲。則官煞勢減。故得再起。今年甲子。申子辰三合水局。必有動機。蓋合局生財固佳。而子午冲去官星。一喜一憂。明年乙丑。兩乙兩庚。天作之合。且乙卯納音屬水。水木相生。此十年大展懷抱。

余再加審度。此造可稱爲秋柳搖金。辛亥微金方爲合格。且僅一見。若易以其他之金。或二三見。則破格矣。

馮玉祥

財壬午 比卩祿　　初二辛亥
傷庚戌 刧卩食　　十二壬子
元己酉 食 文昌 長生　　廿二癸丑
傷庚午 比卩　　卅二甲寅
胎元辛丑　　四二乙卯
立命子宮　　五二丙辰

兩午包裹酉戌。中亥財貴。見而不見。又申亥爲乾坤。所謂天地包藏神得用者也。其爲奇格。自不待言。以子平旺弱之理論之。食傷過多。變旺爲弱。寅運三合印局生身。故扶搖直上。乙運乙丑年合化兩庚。大有起伏。丙寅流年。刧極得意。蓋丙火制庚。寅午戌三合。權位極隆。當無可疑。戊辰四十七。冲開戌庫尤佳。卯運冲動四仲。(命宮坐子。子午卯酉。四仲全冲)。若非貴不可言。則恐於大數有礙。丙辰十年。如日之升。丁運合壬。嘆觀止矣。

盧永祥

食丁卯 比祿
官庚戌 殺食財
元乙亥 印刦
食丁丑 卩殺才
胎元辛丑
立命未宮

初五己酉
十五戊申
廿五丁未
卅五丙午
四五乙巳
五五甲辰
六五癸卯

支神與未宮。三合木局。弱而不弱。丁火透出天干。丑戌刑開火庫。又在寒露十日後。正屬丁火用事之秋。取雜氣木火眞傷官格。毫無疑義。庚金官星。與丑戌辛煞彙聚於一。官化而煞。則又以傷官駕煞論矣眞傷官格。假煞爲權。故名盛一時。廿五以後。一派火運。漸入佳境。乙運挈身。又生扶丁火。強台直上。亦因其所巳亥冲馬。一麾出鎮。巳丑會煞。己未年。丑未冲開煞庫。殺印相生。故開府臨安。辛酉一年。酉卯冲祿。癸亥一年。癸丁尅戰。故此兩年內。虎尾春冰。其象每見。惟辛酉年。即已交足甲運。乙木陰柔。見籐蘿繫甲爲福。今年又值甲子。亥丑中拱子水貴人。所謂見不見之形。歲君値之。自屬大吉。（流年不以塡實論）。明年乙丑。又刑開煞庫。權位尤隆。丙寅六十歲。交入辰運。丁卯戊辰。均係佳境。惟己巳一年。天冲地尅。急流勇退。癸運傷丁。壬申年防大限。

齊燮元

刃 乙酉 合合
煞 庚辰
元 甲寅 合刑
財 己巳
胎元辛未
立命未宮

官 刦 才 印 才 比 食 才 煞 食 才
庫 祿

初九己卯
十九戊寅
廿九丁丑
卅九丙子
四九乙亥
五九甲戌

寧河八字。係從化格。且化得其眞。爲近百年來不多見之造。蓋穀雨後土旺。乙庚酉辰。又化成金局。則甲己從化。其理甚顯。滴天髓云。凡化局要見辰字。辰爲龍。神龍變化不測也。今此造月支坐辰。尤屬得力。四柱中缺水。又必須從化之證。微嫌寅祿帮身爲病。故丑運庚申年。天冲地尅。尅盡寅祿。一鳴驚人。膺半壁東南之寄。否則三合煞局。益以天冲地尅。救死不暇矣。卅九癸亥。交足丙運。火土相生。化局所喜。自卅九至四十九。十年佳境。威權蓋世。子雖正印。有丙子蓋頭。無慮。明年乙丑。又三合會局。而甲庚皆以丑爲貴人。有宰制全國之象。惜乙甲分爭。或仍須屈於一人之下耳。戊辰四十四。龍翔天際。干支皆土。是年可膺一國元首。惟庚午四十六。亟宜勇退。餘皆坦途。　寧河自言係午時。果爾則係從煞格。丑運會煞。且爲甲庚貴人。庚申煞旺。凡從煞格。忌見根氣。故庚申甲寅。天冲地尅。尅去寅祿。亦佳。丁雖制煞。陰火無妨。丙庚相戰。甲子或丙寅流年。必有奇禍。庚午尤劣矣。

王承斌

財丁丑 官印刧
殺戊申 殺比卩 長生
元壬戌 殺財印 庫
才丙午 官財

胎元己亥

立命卯宮

初四丁未
十四丙午
廿四乙巳
卅四甲辰
四四癸卯
五四壬寅
六四辛丑
七四庚子

入字缺木。而胎元補其不足。立秋後壬水得令。丑戌又刑開金庫。金水相生。日元亦不弱。三十四歲甲木制殺。漸露頭角。三十八歲辰戌沖開水庫。申辰又半會水局。強台直上。四十四癸運。陽刃合煞。權位益隆。今年甲子。甲木制殺。子午沖刃。大有運機。卯運合戌化火。瑕瑜互見。壬運五十四。比肩掣身。又入佳境。五十五六七尤佳。寅申沖動驛馬。而寅午戌三合財局。驛馬乘財。五十九歲後。經商大利。富可敵國。(壬運有意外際遇)六十四辛運。丙辛化水。權蓋一國。於庚辰年應之。丑戌刑庫亦美。庚運梟神。老惛生旺。防大限。

薩鎮冰

食己未　比食卩　刃

比丁卯　卩

元丁卯　卩

梟乙巳　亻劫財

胎元戊午

立命酉宮

初五丙寅

十五乙丑

廿五甲子

卅五癸亥

四五壬戌

五五辛酉

六五庚申

七五己未

四柱偏陰。五行純火。格局極爲奇特。命宮坐酉。財貴所託。補八字之不足。又見不見之形也。癸亥壬三運。雖亦不惡。尙非其至者。戊申流年。交入戊運。戊未刑開墓庫。故強台直上。辛酉十年。偏財得祿。且以金尅木。尅去梟神。亦屬佳境。去年交庚運。乙庚化金。尤佳。明年乙丑。六十七歲。丑未冲開武庫。際會風雲。迴異從前。丙寅一年。歲運冲戰。大有動機。丁卯亦不惡。戊辰交申運。七十歲。至七十五。此五年。權位極隆。七十五歲癸酉。交入己運。己未納音。又添一火。過於偏枯。且癸酉丁卯。天冲地尅。急流勇退。戊寅八十歲。騎箕西去。

李經義

食己未　卩食比刃
比丁卯　印
元丁巳　財刧亻
財庚子　殺
胎元戊午
立命寅宮

初五丙寅
十五乙丑
廿五甲子
卅五癸亥
四五壬戌
五五辛酉
六五庚申
七五己未

仲老此造。得自廉石者。原係戊午壬子。余細加推究。斷其非是。蓋必爲十二點以前之子時。於命理及前運方合。其詳別論。茲先就丁巳判斷。木旺火相。食先煞後。納音三火二土相生。皆爲貴徵。惟財輕而比刧重。故壬癸運去比存財。財權兩旺。若爲戊午日元。身本不旺。財且破印。安得貴顯。戊運辛亥年。正値戊中丁火比肩。故在滇遇險。辛運偏財。本佳。二丁制之。丁巳年又多一比。故雖再起。未稱懷抱。酉卯冲財。亦非所喜。現在庚運。流年甲子。甲己化土。子水七煞。乙丑冲開財庫。今歲必有佳音。明年尤美。丙寅六十八歲運相戰。丙奪丁光。急流勇退。申運又入佳境。戊辰一年。有意外際遇。申子辰三合官局也。己運亦佳。未運戊寅年。老憎生旺。騎箕西去。

王一堂

傷戊寅　印刼亻　初二壬戌
才辛酉　才　文昌　長生　貴人　十二癸亥
元丁巳　財刼亻　廿二甲子
比丁未　卩食比　刃　卅二乙丑
胎元壬子　四二丙寅
立命子宮　五二丁卯

四柱缺水。並暗藏之壬癸。亦不可得。則丁巳丁未。夾拱午祿。拱得其眞。若稍見官煞。非所論矣。丙奪丁光。又值庚申流年。寅申冲破正印。寅木印綬。爲暗祿之根（寅木生扶午火）受制於申。故申年申月。以不虞之毀。遂成逋客。去年癸亥。天冲地尅。尤屬不佳。幸善韜晦。尚無意外。今年八月後。交足寅運。又入佳境。且甲子流年。正印得祿於寅。否極泰來。可以斷定。惟嫌丙火蓋頭。或發展略遲耳。明年乙丑。巳酉丑三合。財官兩旺。四十九丙寅。歲運併臨。防有刑尅駁雜。丁卯五十歲。三丁彙聚。際會風雲。五十二己巳。交入丁運。此五年爲生平最得意之秋。大展懷抱。不僅位正首揆已也。甲戌五十六。急流勇退。方可自全。

汪兆銘

財癸未　官 封貴人 印
梟丙辰　官 財庫 比
元戊申　才文昌 比 食長生
印丁巳　食 卩祿 比

胎元丁未

立命午宮

初十乙卯
二十甲寅
三十癸丑
四十壬子
五十辛亥
六十庚戌

身旺任財。又柱中缺木。亦可以日祿歸時論。寅運三刑。七煞損祿。故因炸彈案繫獄。癸運正財。享盛名。受榮施。丑未冲貴。中多駁雜。壬丁化木。有意外機遇。今年甲子。申子辰三合水局。財權兩旺。惟化木爲煞。非歸祿所喜。丁卯四十五。交足子運。又係三合財鄉。且係大運。尤爲得力。此五年極佳。功成名就。位極一時。辛運合丙。威權益隆。否則丁印制辛。大不吉矣。亥巳冲祿。五十五丁丑。急流勇退。辛巳年戊寅年。最宜謹愼。庚戌十年。如日之升。己運生旺。防大限。土重見金。自坐文昌。宜其穎秀能文。名滿海內。

唐紹儀

財辛酉 財貴人　初十己亥

才庚子 官　二十戊戌

元丙辰 印官食　三十丁酉

傷己丑 財庫官イ　四十丙申

胎元辛卯　五十乙未

立命卯宮　六十甲午

四柱缺木。丙辛雖隔干亦化。蓋子月水旺。子辰半會水局。且柱中金多生水。從化無疑。惜時上透出己土傷官命宮胎元又坐正印。化而不化。前運自酉起。遭際項城。始入佳境。丙運合辛。（水旺之月。兩丙亦化）申運三合水局。大爲得意。乙庚化金水局所喜。故一度組閣。乙卯交入未運。水土交戰。故屢有動機。屢不能起。現交甲運。甲己又合。即不以合論。梟神亦不佳。今年甲子。大有危機。午運沖子。陽刃飛起。無論如何。庚午一年。必不獲免。此造火騎龍。又値水旺之月。金多生水。似可謂化之眞者。乃己土卯木一再破格。雖有富貴。亦難悠久。殆以是耳。

岑春煊

比辛酉 比祿
傷壬辰 印食才
元辛亥 イ財
印戊子 食
胎元癸未
立命子宮

初十辛卯
二十庚寅
三十己丑
四十戊子
五十丁亥
六十丙戌

西林自言。以丑時生。然余推究其八字。當係子時。蓋彼每値火運。皆有挫折。若從丑時。殊爲不合。子時則八字完全缺火。並暗藏丙丁。亦不可得。取六陰朝陽格。方能貴顯。而六陰朝陽。旺氣所聚。宜生扶亦宜發洩。獨嫌尅制。故曰陰若朝陽。切忌丙丁離位。西林行戊子十年。財權兩旺。是其明徵。而丁運庚戌流年。即一蹶不振。辛亥在蜀。狼狽出走。癸丑竟亡命海外。此又六陰朝陽不喜丙丁之證。亥運傷官得祿。正財長生。故乙卯即以護國軍興。爲軍務院領袖。因丙辰丁巳。流年皆火。故未竟其志。戊午又主席軍政府。正印生扶辛金日元也。庚申六十歲。交入丙運。復告失敗。明年交戌。冲開火庫。丁卯六十七。卯酉冲祿。恐防大限。若能幸免。乙運五年。尚可有爲。

熊希齡

比庚午　官印
傷癸未　官財印　庫　貴人
元庚中　印比食　祿
官丁亥　食才
胎元甲戌
立命戊宮

初六甲申
十六乙酉
廿六丙戌
卅六丁亥
四六戊子
五六己丑
六六庚寅
七六辛卯

納音二木二土。修成堤岸。亦見不見之形也。正官得祿於午。而四柱缺木。妙在亥未半會財局。則官星有根。大暑後土旺生金。又日支自坐專祿。當以身旺論。亥運最佳。土燥火炎。得亥水食神。以疏其氣。故位至首揆。戊癸化火。本屬不佳。合化梟神。稍愈。子運冲午。今年甲子。又與太歲戰尅。非佳運也。己土正印。破了傷官。此五年不宜進取。六十歲後。交入丑運。丑未冲開財庫。却有動機。庚午辛未兩年頗好。庚運比肩。急流勇退。寅運冲中逢合。一喜一憂。辛巳七十二。四孟冲動。若非一鳴驚人。即有殺身之禍。辛運陽刃。防大限。

靳雲鵬

食丙子 印
才戊戌 官イオ
元甲子 印
官辛未 刧財イ 貴人
胎元己丑
立命子宮

初六己亥
十六庚子
廿六辛丑
卅六壬寅
四六癸卯
五大甲辰
六六乙巳

此造原作午時。然午時子午既沖。且寅運會成火局。何以反佳故改從未時。納音五行俱足。時上一官獨透。皆屬佳象。而甲子辛未。出於同旬。眞官眞印眞財眞貴。故尤爲可貴。壬運本爲倒食。喜與甲合。蓋壬亥同宮。甲寅亦同宮。此所謂無合有合。後學難知者也。寅運祿堂。自極得意癸運合戊。貪合忘印。故下野。卯運合刃。惜合化爲火。瑕瑜互見。甲乙運大吉。辰運亦佳。

孫寶琦

刃丁卯	印	初八癸卯
梟甲辰	食官印	十八壬寅
元丙子	官	廿八辛丑
比丙申	殺食才 文昌	卅八庚子
胎元乙未		四八己亥
立命寅宮		五八戊戌
		六八丁酉

申子辰三合水局。而卯木正印。見於歲支。則以官印相生論。蓋彰明較著。申金獨財。合局化官。且比刦透干。故生平清廉。命宮坐寅。沖動時馬。故屢膺折衝之寄。庚金闢甲。制去梟神。則正印得用。三十八歲後。即入佳境。子運官星旺地。故外任疆寄。旋改內除。間亦一度代揆。己與甲合。合化梟神。亥運貴人。前後十年。皆頗不惡。今年甲子。三月後交入戌運。戌土食神。二甲制之。必待五月庚午。剋去甲木。方入坦途。惟九月甲戌。三甲制戊。似稍遜耳。乙丑一年。却係佳運。丙寅流年。沖動申金驛馬。頗有所獲。己巳六十三。交入戌運。辰戌沖開墓庫。又甲己化土。去梟。丙火得祿於巳。此年爲生平最得意之秋。財權兩旺。庚午一年尤佳。蓋在佳運中。天冲地尅。反屬吉象。甲戌六十八。著自珍衛。

梁士詒

傷己巳　才 比祿 食

食戊辰　印 食 官

元丙申　才 殺文昌 食

印甲午　刦 亻刃

胎元己未

立命午宮

十一丁卯

廿一丙寅

卅一乙丑

四一甲子

五一癸亥

六一壬戌

七一辛酉

火土眞傷官。洩氣太過。非刃祿挈身。何以自存。甲運。制戊。(一甲不合己)故強台直上。子運三合官局。官印相生。本屬佳境。惟子午冲刃。故丙辰年。因帝制獲贜。戊癸化火。己未年特赦。辛酉年。丙辛化水。故膺揆席。壬水七煞。與戊土戰尅。又遭通緝。蓋戊癸化火固佳。而貪合忘官。雖榮不久也。今年三月後。交入亥運。巳亥冲祿。子午冲刃。若今年得免。則壬運五年。大有起伏。戊辰冲開火庫。辛丙化水。六十五至七十十年佳境。大展懷抱。酉辰合庫。却無取矣。

張謇

才癸丑　才食比
刧戊午　亻刦祿
元己巳　刦亻印
印丁卯　刦殺
胎元己酉
立命未宮

初九丁巳
十九丙辰
廿九乙卯
卅九甲寅
四九癸丑
五九壬子
六九辛亥
七九庚戌

納音二木二火。木火相生。卯巳夾拱辰土財庫。胎元與巳丑三合金局。皆所謂見不見之形也。以子平正格論之。火旺土相。日元極強。卯木七煞得祿。又長生於午。與月氣相通。可取爲用。行癸丑壬子。財旺生殺。名利俱遂。現在辛運。丁火制辛。似非其所喜。丙寅七十四。交足亥運。寅亥化木。財祿愈旺。丁卯戊辰己巳庚午尤佳。庚運亦美。戌運生旺。乙亥八十三。天冲地尅防大限。

汪大燮

殺己未 才殺食

食乙亥 亻刦

元癸亥 亻刦

財丙辰 比官食

胎元丙寅

立命寅宮

初五甲戌

十五癸酉

廿五壬申

卅五辛未

四五庚午

五五己巳

六五戊辰

亥月水旺。日元甚強。己土七殺。透出年上。有乙木制之。格中所喜。惟八字缺金。並納音而無。用亥未暗冲己丑。用辰暗合酉字。則印綬隱然可見。又見不見之形矣。巳運填實。喜巳亥一冲。反憂爲喜。否則殆矣。現在戊運。官煞爭權。瑕瑜各半。明年乙丑。與太歲戰尅。似不甚佳。丁卯流年。三合木局。有意外之得。己巳七十一。天冲地尅。且七煞入墓。大限止此。

張紹曾

才己卯 祿 比　初四癸酉

劫甲戌 合 合 殺食財　十四壬申

元乙亥 印刦　廿四辛未

官庚辰 合 比財印 庫　卅四庚午

胎元乙丑　四四己巳

立命卯宮　五四戊辰

六四丁卯

敬與八字。原作卯時。然余詳推。卯時無可取貴。僅納音二火二土。同出一旬。生於四季。可作火土相生論。然於眞理上。稍涉牽強。應改從辰時。蓋辰時八字。同出一旬。財官印三奇。所謂眞官眞財眞印眞祿。乃福神治世之格。宜貴不可言。且未庚兩運。故皆佳。己運臍首揆。壬戌一年。冲開財庫。歲運皆財旺生官也。胎元乙丑。武庫之眞。(乙丑納音屬金)。故歷掌兵柄。現仍在巳運。必可再起。丁卯戊辰皆佳。巳初庚金官星得其長生耳。己巳乙亥。天冲地尅。歲運相戰。五十一歲。必有非常風波。庚午辛未却佳。戊辰十年亦美。卯運防大限。

龔心湛

財己巳 才食殺　初十戊辰
財己巳 才食殺　二十丁卯
元甲子 殺印　三十丙寅
印壬申 殺才印　四十乙丑
胎元庚申　五十甲子
立命卯宮　六十癸亥

夏木茂盛。納音三木二金。正可資以成材。而八字同出一旬。尤爲可貴。惟以正格論之。財食太旺。仍須生扶。乙運雖佳。丑土爲七煞墓地。當屬不佳。甲運兩甲兩己。天作之合。故以財長。正位首揆。（甲子己巳。又爲眞六合。宜其得力）。現在子運。今年係甲子歲君。殆又有意外湊合。亦未可知。癸運正印。兩己制之。又逢己巳流年。六十一歲。貪財破印。必因財得禍。虎尾春氷。賢者所戒。凜之凜之。

孫洪伊

			大運
才壬申	食才比	文昌	初八壬子
傷辛亥	才殺		十八癸丑
元戊辰	官財比	庫	廿八甲寅
殺甲寅	比殺印	驛馬	卅八乙卯
胎元壬寅			四八丙辰
立命辰宮			五八丁巳
			六八戊午
			七八己未

四柱缺火。而金水木遞生尅干。非寅中微藏丙火。則主機幾於全息。亦奇格也。申辰會水。寅亥化木。於戊土皆爲洩氣。惟木能生火。故又不以尅土論。卯運寅卯辰彙聚。木火相照。丙辰流年。遂長內務。因辰庫無冲。丙辛貪合。故不久於位。四十八後。交入丙運。寅中丙火透出本佳。乃見辛化水。此數年內動多失意。即丙辛貪合之病。今年甲子。立冬後交辰運。三合水局。患其所忌。惟水木相生。秋冬或有動機。己巳五十八歲。交足丁運後。丁壬化木。木來生火。而己巳流年。又冲動四孟。當極得意。庚午尤佳。甲戌一年。交入己運。寅申巳亥完全冲動。甲戌與戊辰。又天冲地尅。若非至吉。即恐大凶。六十八至八十三。戊午己十五年。美不可言。以余詳推此造。六十八以前。雖或發展。皆時雨時晴之象。必欲償其抱負。決須六十八以後。（因辰丁巳三運。皆有未能盡善之處。如辰庫無冲。丁壬合印。（幸能生火。否則大劣。）巳亥冲祿。皆其顯著者。

吳景濂

才癸酉 食 文昌長生
煞乙卯 煞
元己巳 亻印 刦
比己巳 亻印 刦
胎元丙午
立命酉宮

初五甲寅
十五癸丑
廿五壬子
卅五辛亥
四五庚戌
五五己酉
六五戊申

余於此造。頗費研究。最後始決定。仍爲煞旺有制格。然卯酉已沖。沖去卯殺。乙木陰柔。宜制伏不宜合去。蓋制伏則煞猶存在。合去則煞之生機息矣。此辛運較庚爲愈。而亥初壬水財星生殺。反見佳象也。亥未甲官。官煞相混。故未佳。壬戌四月。交戌初辛金。正以制煞。壬戌流年。兩戊不合一卯。癸亥十二月。交入戌中丁火。則合化爲火。故失敗。必待明年乙丑。九月以後。脫丁交戊。復入佳境。以外格論之。己乙癸暗合甲戊庚三奇。又得卯巳爲風雷。故享盛名。卯酉沖破文昌長生。故生平叢謗。

高凌蔚

刼庚午 殺卩 貴人　初十丙戌
才乙酉 比 祿　二十丁亥
元辛亥 イ財　三十戊子
印戊戌 比殺印　四十己丑
胎元丙子　五十庚寅
立命申宮　六十辛卯

高五此造。前於本欄發表。將其行運。誤作五歲。全盤皆錯。茲特更正之。此造乙庚化金。則四柱無財。用酉戌亥。暗合寅卯辰。故能致貴顯。而八字與胎元。各出一旬。謂之五旬納福。亦見不見之形也。以子平常理測之。亥中傷官秀氣獨鍾。庚運雖係天干。亦有金水相生之意。宜其己未年交入庚運。扶搖直上矣。惟今年八月。寅運填實。又寅午戌三合。會煞爲凶。仍宜急流勇退。

王正廷

財壬午　比卩　祿

刦戊申　刦財イ　驛貴　馬人

元己酉　食　文長　昌生

刦戊辰　才刦殺　庫

胎元己亥

立命辰宮

初一己酉

十一庚戌

廿一辛亥

卅一壬子

四一癸丑

五一甲寅

六一乙卯

兩刦透干。官煞不顯。以曾通子平之理推之。全無佳處。顧一細繹其中徵妙之點。則八字並胎元。三木二土。而戊申己酉。乃大驛之土。所謂木多遇土。修成堤岸者也。三十以前未佳。何耶。庚戌辛亥。金尅木也。三十一以後。漸入佳境者。壬子癸丑。皆納音之木也。故子午雖冲。仍係佳運。否則金多洩氣。冲祿大劣矣。今年甲子。申子辰三合財局。秋後極佳。有意外機緣。財官兩旺。十一月尤好。辰土財庫將來必一權財長之篆。無可疑也。丑運墓庫。四十五後必有刑尅。甲運五年。瑕瑜互見。寅申冲馬。航海梯山。乙運七煞。權位尤隆。惟卯運冲酉。且乙卯己酉天冲地尅。七十歲辛卯。騎箕西去。（今年上半年。甲己貪合忌官。故多波折。）

顧維鈞

印丁亥 財官　　初八壬子
才癸丑 才食比　　十八辛亥
元己亥 財官　　廿八庚戌
刦戊辰 殺刦才庫　　卅八己酉
胎元甲辰　　四八戊申
立命未宮　　五八丁未

身財兩停。八字缺金。則財星無根。以丑中暗藏辛金食神爲用。滴天髓所謂一個元機暗裏藏也。又兩亥夾丑。丑中拱子水貴人。亦見不見之形。十九後辛金透出。漸入佳境。庚爲陽干生扶癸財。尤屬得力。故強台直上。戊運刑開丑庫。財官兩旺。兼享盛名。固所應爾。今年甲子。上半年仍在戌運。臘月前後交入己運。急流勇退。己巳四十三。己酉丑三合金局。又天冲地尅。必可再起。在佳運反爲吉象也。（己巳十二月交酉運） 酉運辛金食神得祿。庚午辛未壬申三年。兼權財政。兼攝揆席。陞遷喜慶。應有儘有。惟癸酉四十七歲。歲運相戰。善自珍攝。戒之在色。甲戌四十八交入戌運。亟宜保守。否則有禍。申運五年又佳。丁運梟神却無取矣。此造雖佳。而壽元未足。蓋食神入墓也。必以外交兼權財政。時支坐辰土財庫也。己亥日作下財星得祿。而亥丑辰癸。又各有正偏財。宜其生平多豔福矣。

曹汝霖

比丙子 官

財辛丑 官財庫

元丙申 才殺文昌 食

食戊子 官

胎元壬辰

立命卯宮

初四壬寅

十四癸卯

廿四甲辰

卅四乙巳

四四丙午

五四丁未

大寒後土旺。財食正官。重疊洩氣。八字缺木。似無可取用。而命宮坐卯。卯爲丙火正印。補其不足。較諸柱中明見印綬者。尤爲有力。正財歸庫。故歷任財政交通等部總長。胎元與八字。三合水局。故亦膺折衝之寄。乙運正印。巳火祿堂。故強台直上。巳運更佳。蓋巳中財祿作合也。丙運爭財。惟係比肩。雖因事去官。財運仍不惡。午運冲子。今年甲子。三子冲午。陽刃飛起。若獲無恙。則丙寅丁卯戊辰三年皆吉。丙寅冲馬。必有動機。丁運尤佳。未運刦無取矣。

周學熙

印乙丑 殺才食庫　初三戊子

食己丑 殺才食庫　十三丁亥

元丁亥 官貴人印　廿三丙戌

才辛亥 官貴人印　卅三乙酉

胎元庚辰　四三甲申

立命巳宮　五三癸未

六三壬午

丁亥日貴。得亥時。爲洋水燈光。生於小寒後。尤屬合格。甲申十年。財權兩旺。蓋甲木印綬。生扶丁火。申中金正財。生扶亥官。而自神峯蓋頭之說證之。申運尤得甲之餘蔭。然以余推測。甲申納音屬木。亦其一妙。否則申金尅甲。不得爲佳矣。癸雖傷丁。有己土制之。故雖下野。經商所獲。仍復不惡。未丑冲開財庫亦佳。今年甲子。木火相生。交冬令頗有動機。明年乙丑尤好。丙寅一年。丙奪丁光。恐不甚佳。丁壬化木。仍屬美境。且有意外機緣。午運祿堂。却無取矣。

陳錦濤

印辛未 財官イ　　初六癸巳
食甲午 官財　　十六壬辰
元壬辰 刦殺イ　　廿六辛卯
才丙午 財官　　卅六庚寅
胎元乙酉　　四六己丑
立命巳宮　　五六戊子

瀾生此造。就表面觀之，殊無甚奇特。細一尋繹。則知爲財官印三奇。且在芒種垂盡之候，水火既濟。不爲身弱，而辰午未午。中拱兩巳財貴尤佳。所謂見不見之形也。庚梟奪食。有丙制無妨。寅木暗生巳火財貴。故亦屬佳境。己運正官。透出本佳。甲己貪合。故丁巳流年。因事獲遣。(巳貴又塡實)現在丑運。丑未冲開印庫。尚頗不惡。今年甲子。子午冲刃。一喜一憂。戊運七煞。生扶辛印。且戊巳同宮。必有機遇。子運冲刃。全局震動。則兩午不能拱巳矣。

梁啟超

官癸酉　財 貴人

梟甲寅　卩 比長生 食

元丙午　亻刃 刦

官癸巳　才 比祿 食

胎元乙巳

立命酉宮

初七癸丑

十七壬子

廿七辛亥

卅七庚戌

四七己酉

五七戊申

六七丁未

雨水後木旺。丙火長生。又自坐陽刃。得祿于巳。其焰甚熾。以酉金正財。生扶癸水官星。所謂旺者洩之是也。納音得三水一金。而癸酉金在年上。則以一金生三水。又見不見之形矣。丑運三合金局。故早達。子運沖刃。故戊戌之變。幾罹不測。木火有明。故文名藉甚。庚運財官兩旺。喜其關甲也。戌運三合。升沈無定。然庚戌辛亥前後二十年。若僅就子平常理推之。則亥運沖祿戌運火庫。皆屬不佳。而事實上不然。戌運惟丁艱。此外並無何等不佳之現象。丙辰年護國功成。丁巳年且出莞度支。償其夙願。蓋庚戌辛亥。納音皆金方以彙聚耳。己未四十七。交入己運。傷官見官。一蹶不振。今年甲子。又沖起陽刃。宜防不測。秋後交酉運。則化凶爲吉矣。申運三刑。當得兵柄。兼綰疆符。戊與巳同。然戊申己酉。納音屬土。水土尅戰。福兮禍所伏。不可不愼。丁運己卯。六十七歲。陽刃倒戈。冲動太歲。恐終於非命。

李思浩

食辛巳　印劫　日　馬
財壬辰　殺劫　財　庫
元己亥　財官　歲　馬
刦戊辰　殺劫　財　庫
胎元癸未
立命申宮

初十辛卯
二十庚寅
三十己丑
四十戊子
五十丁亥
六十丙戌

殺雨後土旺。食神生財。兩庫夾日。而壬水正財。又得祿於亥。一望而知爲財政總長之造。惜辛金食神。白坐死地。是其一病。戊運刦財。庚申流年。食傷爭權。故被通緝。明年交子運。己土得貴。又辛食長生之鄉。貴人乘財。必可再起。丙寅流年。丙辛化水。正官坐祿。財權兩旺。微嫌寅巳一刑。恐有刑尅耳。戊辰四十八尤佳。丁壬化木。己亥冲馬。皆瑕瑜互見之運。丙辛化水。戊辰冲庫。此十年極佳。老來蔗境。惟戌未戊土。生旺太過。庚寅一年。恐歸道山。

王克敏

才丙子　刦　刃
比壬辰　亻殺　刦　三合
元壬申　卩比殺　長生
傷乙巳　卩才殺　貴人　合
胎元癸未
立命未宮

初一癸巳
十一甲午
廿一乙未
卅一丙申
四一丁酉
五一戊戌
六一己亥

地支申子辰。會成水局。巳申又六合化水。變弱爲旺。喜年上丙火偏財。得根於乙。以洩其秀氣。三十一至四十一。丙申丁十五年。皆屬佳運。申運梟神。因有丙財蓋頭。故亦不惡。且辰土七殺。以申爲長生也。辛酉四十六。交入酉運。身殺兩敗。故有中法實業銀行之挫折。壬戌冲開財庫稍好。癸亥流年冲動巳財。又筦度支。今年甲子。木火相生。偏財得黨。春夏極佳。惟五月十一月。子午逢冲。必有風波。而丙寅五十一歲。天冲地尅。在脫酉交戌之間。爲生死關頭。若能倖免。戊運七殺。制比存財。辰運冲戌。財殺顯透。此十年內。較前尤佳。己運傷官見官。却無取矣。　凡推斷八字。不宜參加政治眼光。或私人情感。愚向抱此旨。茲於叔魯之造亦然。合併聲明。觀瀑附識。

張弧

比乙亥 劫印　初二甲申
比乙酉 殺　十二癸未
元乙亥 劫印　廿二壬午
比乙酉 殺　卅二辛巳
胎元丙子　四二庚辰
立命酉宮　五二己卯

天元一氣。八字純陰。地支中拱三戌正財。所謂見不見之形也。納音三水二火。水火既濟。尤屬佳象。惜酉亥爲乙木死絕之鄉。天覆而地不載。生平多風波。端由於此。巳運暗生戌財。庚運正官。皆佳。惟巳亥冲印。乙卯流年。卯酉又冲。故幾獲譴。辰運暗冲財庫最美。故兩次出山。壬戌塡實。當然不妙。今年甲子。乙木貴人。八月後尙有佳音。己運爭財防大限丁卯己巳兩年尤忌。

王家襄

宮壬申　財官印

財庚戌　才比印　魁星

元丁未　刃食比　刑

食己酉　才　文昌　長生　貴人

胎元辛丑

立命酉宮

初五辛亥
十五壬子
廿五癸丑
卅五甲寅
四五乙卯
五五丙辰
六五丁巳

財旺生官。洩氣太過。八字缺木。幷納音而無之。非未戌比肩。則丁火之生機。幾乎息矣。寅運正印。生扶丁火日元。補其不足。故兩任參議院議長。乙庚化金。非其所喜。卯酉冲貴。卯與戌合化而爲火。貪合忘冲。今年甲子。正印透出。秋冬或有佳遇。明年乙丑。又劣。丙雖奪丁。然尅制庚金病神。丁卯戊辰兩年甚佳。惜其受制於壬。亦未盡美。辛未五十九。交入辰運。辰戌冲開火庫。大展懷抱。丁運五年尤佳。富有組閣之望。巳運辛巳年壽終。

潘復

傷癸未	財庫 官 印貴人	初六壬戌
傷癸亥	食 才	十六辛酉
元庚午	官 印	廿六庚申
梟戊寅	才 殺 印	卅六己未
胎元甲寅		四六戊午
立命辰宮		五六丁巳

金寒水冷。洩氣太過。午官未印。柱中所喜。申運祿堂。且未有戊土。可以去水。漸露頭角。己運正印。尅盡癸水。又印綬生身。宜其財權兩旺矣。現在未初。乙木用事。三合財鄉。印化爲財。本非所喜。幸能生官。明年乙丑。六月以後。交足未中己土。丑未冲而益顯。秋冬必佳。丙寅流年尤美。戊辰交戊運。兩戊兩癸。天作之合。最爲得意。午運印綬官星。同時得祿。必屬佳運。丁雖正官。兩癸傷之。辛巳流年。急流勇退。

許世英

梟癸酉 殺
殺辛酉 殺
元乙丑 卩殺才
殺辛巳 官亻財
胎元壬子
立命寅宮

初一庚申
十一己未
廿一戊午
卅一丁巳
四一丙辰
五一乙卯
六一甲寅

八字純陰。四柱皆煞。所喜乙木陰柔。不畏多金尅制。否則殆矣。丙運合煞。屢列閣席。一綰疆符。亦固其所。辰運墓庫。故瑕瑜互見。而丁巳一年。因巳中庚金。又助七煞。故因事去官。壬戌丙辰。沖開火庫。又任皖長。癸亥沖馬。宜有駁雜。現在乙運中。比肩扶身。必可再起。明年乙丑尤佳。丙寅合煞。丁卯得祿。此兩年尤屬稱意。戊辰五十六。秉權財篆。或以交長代揆。惟己巳一年。頗有不虞之毀。急流勇退。庚午又佳。辛未乙丑。天沖地尅。泰極而否。卯酉沖提。但二酉不沖卯。此五年再沉再起。一喜一憂。甲寅十年皆佳。癸運梟神。瑕瑜互見。七十五交丑。七煞入墓。恐歸道山。（八字納音。三金二木。戰尅太過。故生平得意之後。每有風波。）

曾毓雋

殺乙亥 官財
才癸未 殺比卩 刃
元己亥 財官
食辛未 殺比卩 刃
胎元甲戌
立命寅宮

十一壬午
廿一辛巳
卅一庚辰
四一己卯
五一戊寅
六一丁丑

支神亥未彙聚。中拱申酉戌。八字又全屬陰氣。偏枯已極。再値庚辛。當然不佳。辰運甚美。以其挈身。又屬陽也。已雖帮身。因係陰干。故於得意中。仍多精神上。苦痛。卯木與亥未。三合煞局。尅制己土。雖大暑後土旺。似不畏尅制。而四柱缺火。水木勢盛。益之以辛金透干洩氣。則變旺爲弱。煞局既成。其何能勝。必待明年乙丑。五十一歲。小暑後。交入戊運。戊癸化火。生扶日元。戊又陽干。補其不足。此五年方極順利。丙寅丁卯戊辰己巳。一派火土。尤美不可言。戊辰五十四。財權甚旺。兼權兩篆。爲生平第一佳運。壬申五十八。歲運相戰。大限止此。

或以丁運亦佳。寅宜無恙者。抑知丁係梟神。且與己同類。陰不生陰。不得爲佳。而己土又死於寅。其未能倖免。斷然無疑。

王郅隆

才癸亥　財官驛馬　　十一己未
傷庚申　亻劫財貴人　　廿一戊午
元己巳　亻印劫驛馬　　卅一丁巳
印丙寅　官印劫　　四一丙辰
胎元辛亥　　五一乙卯
立命午宮　　六一甲寅

八字年月日時。近在兩旬內。所謂君臣慶會也。四孟全備。故致鉅富。柱中傷官乘旺。歲財尤強。則洩氣太過。應以時上丙火正印爲用。丙運制庚。以印去傷。故漸入佳境。辰運財庫。又帮助己土日元。乙木七煞。生扶丙印。故前後十年。積貲數百萬。卯木七煞。與正官相混。値庚申流年。傷官洩氣。故被通緝。壬戌下半年。戊土助己。故脫險。甲運傷官見官。且癸亥己巳。天冲地尅。余前爲祝三推演。即勸其是年勿水行。乃卒以渡海至日本。遂及於難。命之不可倖免如此。

朱啟鈐

尅 壬申 尅印官

卩 辛亥 亻尅

元 癸酉 卩

財 丙辰 尅官比

初六壬子　十六癸丑　廿六甲寅　卅六乙卯　四六丙辰　五六丁巳

胎元壬寅

立命寅宮

納音二土三金。土金相生。亦美格也。八字缺木。僅亥中一甲。秀氣所鍾。以水木傷官論。行甲寅乙卯運。立致貴顯。交丙正財。壬水尅之。洪憲之變。遂遭通緝。現在辰運。非其所喜。丁運合壬化木。有意外機遇。六十一巳運。巳亥冲提。破了傷官。防大限。

此造金水重疊。日元極旺。故一見甲乙木洩氣即佳。而命宮胎元。補其不足。尤爲佳象。

葉恭綽

印辛巳 （印 才 殺 貴人）　初七戊戌
冲
官己亥 （比 食 驛）　十七丁酉
元壬戌 （印 殺 財庫）　廿七丙申
冲
食甲辰 （亻 殺 刦）　卅七乙未
　四七甲午
胎元庚寅　五七癸巳
立命丑宮

胎元八字。各居一旬。身旺任財。亥中甲木食神透干。本爲富貴福壽之徵。惜巳亥冲破長生。雖亦顯達。恐難悠久。丙申十年最佳。乙運傷官與食爭混。故多駁雜。而運末値壬戌伏吟流年。遂被通緝。現在未運。刑開財庫。瑕瑜互見。明年乙丑。辰戌丑未。四庫冲開。若非大吉。則有奇禍。丙寅一年。寅亥合祿甚佳。且甲木食神得祿尤美。甲運己巳年。貪合忘官。大非所喜。午癸十年極好。巳運壽終。

吳毓麟

財庚午 比祿 食　　初五庚寅

食己丑 殺 才庫 食　　十五辛卯

元丁卯 卩　　廿五壬辰

傷戊申 財 官驛馬 イ　　卅五癸巳

　　四五甲午

胎元庚辰　　五五乙未

立命申宮　　六五丙申

大寒後土旺。應取火土眞傷官用祿格。蓋卯木梟神。不足用也。八字缺水。傷官傷盡。自癸運起。戊癸化火。漸入佳境。四十五至五十五。甲午十年。印祿俱透。宜其扶搖直上。今年臘月。交入乙運。乙庚化金。子午冲祿。略宜審愼。未運合祿。六十一歲庚午流年。必可再起。財權兩旺。辛未尤佳。癸酉雖屬天冲地尅。在未運之末。丁火當事。而戊癸又六合化火。反仇爲恩。惟丙運奪丁。急流勇退。壽至七旬。

田文烈

印戊午 卩殺 貴人　初六甲子
食癸亥 財亻 驛馬　十六乙丑
元辛酉 比 祿　廿六丙寅
刦庚寅 印官財　卅六丁卯
胎元甲寅　四六戊辰
立命卯宮　五六己巳
　六六庚午

金多水旺。用金水眞傷官佩印甚明。以午火七煞生扶印綬。故戊辰己巳二十年。財官兩旺。淺者以爲金水傷官喜行丙丁。不知金水傷官喜官者。自其八字之本體言之。若運限則弱者仍須遇印。強者仍須遇財也。此造與吾鄉濤園世丈相似。惟沈造係戊午癸亥辛未癸巳。傷官尤旺。且不透比刦。日元較弱。然庚運必不得免。則二者相同。田造恐丁卯七十歲。必歸道山。

程克

印乙酉 財 貴人
財辛巳 才 比 食 祿
元丙子 官
殺壬辰 印 食 官
胎元壬申
立命未宮

初六庚辰
十六己卯
廿六戊寅
卅六丁丑
四六丙子
五六乙亥

此造原作卯時。與事實不符。蓋卯時變旺爲弱。行戊運洩氣。然衆愚在戊運中。即已得意。故改從辰時。辰時雖亦以變旺爲弱論。戊土食神可以制煞也。且微辰時。何以長司法。衆愚於法學。初非所長。又向未嘗入法界。殆命數實使之然。丙火得祿於巳。似屬身旺。奈巳酉會金。子辰會水。辛財破印。七殺透干。其變旺爲弱。固彰明較著。寅運長生。亦屬佳境。現在丁運。丁壬合刃。化煞爲權。今年甲子。尤大吉之象。木火相生也。惟今年雖佳。一切舉措宜留餘地。因明年乙丑。交入丑運。三合金局。生扶壬水七煞。洩氣尅身。大有虎尾春冰之懼。此五年亟須退守。丙丑交脫之間。值庚午流年。庚午丙子。天冲地尅。過此以往。丙子乙十五年。一派坦途。財官兩旺矣。

張志潭

財甲申 劫イ印　初四丙子

才乙亥 イ財 驛馬　十四丁丑

元辛巳 劫官印　廿四戊寅

印戊子 食 長生 文昌　卅四己卯

胎元丙寅　四四庚辰

立命巳宮　五四辛巳

兩旬包裹。四孟俱全。以正格論之。水木乘旺洩氣。得時上戊土正印爲福。寅運戊土長生之鄉。與巳申三刑。故外除己甲化土生扶日元。故扶搖直上。位至交長。壬戌流年。交入卯運。會財洩氣。又爲辛金絕地。雖竭囊底之智。終於心勞日拙。明年乙丑。亥子丑彙成水局。洩氣太過。恐有風波。丙寅四十三尤劣。冲動四孟也。庚辛却好。辰運三合。亦不利。

齊耀珊

刃乙丑　印官財　貴人

印癸未　刦財イ　貴人

元甲子　印

比甲子　印

胎元甲戌

立命戊宮

初六壬午

十六辛巳

廿六庚辰

卅六己卯

四六戊寅

五六丁丑

六六丙子

甲木參天。生於炎夏。已成棟梁。取丑中辛官爲用。藉以生扶癸水印綬。寅運祿堂。卯運陽刃。故皆屬佳境。戊癸合印。己財破印。故皆有驗雜丁運受制於癸。且洩氣。亦不爲佳。明年交丑運。中値寅卯流年尙佳。庚午合刃。非其所喜。丙運平平。子午冲尅太過。丙子流年。七十二歲。恐於大限有礙。

羅文幹

食己丑 殺才食 庫　　初三丁卯

傷戊辰 卩亻殺 勾陳　　十三丙寅

元丁巳 財封亻　　廿三乙丑

財庚戌 亻才比 魁星　　卅三甲子

胎元己未　　四三癸亥

立命卯宮　　五三壬戌

四柱缺水。傷官傷盡。辰中乙木。清明後進氣。又戊辰納音屬木。印綬暗藏。見而不見。且梟神化印。尤屬可貴。辰戌冲開時墓。故少年成名。乙丑十年皆佳。甲運正印。以木去土。病藥相劑。惜庚金臨支。遙欲鬬甲。壬戌流年。與戊辰冲尅太過。宜有囹圄之困。癸亥天冲地尅。喜戊與癸合化火。故得宣告無罪。今年甲子。兩甲制戊。當屬吉象乙丑刑開火庫亦佳。亥壬十年。大有起伏。

姚震

財乙酉　劫刃

煞丙戌　印官劫

元庚申　印比食祿

刃辛巳　比印殺長生

胎元丁丑

立命丑宮

初九乙酉
十九甲申
廿九癸未
卅九壬午
四九辛巳
五九庚辰

次之此造。煞刃相資。一望而知其掌兵刑重任。宜爲大理院長矣。地支申酉戌。時干透刃。身旺已極。丙火七煞。得根於乙。得祿於巳。資以尅制比劫。全局所託。未運中己土正印。生扶庚金。失之過剛。庚申流年。又患其所忌。故獲無妄之災。未運末丁火用事。壬戌流年。又刑開火庫。故脫險現在壬運。壬水食神生財。不以制煞論。今年甲子。似有佳象。惟乙丑流年。瑕瑜互見。丙寅雖屬天冲地尅。極佳。戊辰交午運。辰戌冲開火庫。權位尤隆。辛運癸酉年四十九歲。陽刃倒戈。防有不測。

章炳麟

官戊辰 食官比
食乙丑 比殺卩
元癸卯 食 文昌 貴人 長生
印庚申 刦官印
胎元丙辰
立命申宮

初八丙寅
十八丁卯
廿八戊辰
卅八己巳
四八庚午
五八辛未
六八壬申

太炎此造。食神得祿。又透出天干。當以天廚食神論。微嫌時上庚金印綬。遙欲合乙。且四柱無財。食神得祿。故享文名。有官無財。故多坎坷。而納音兩金兩木。互相尅戰。尤數奇之徵。蓋冬月木嫩。不勝金尅也。巳運貴人乘財。故財官尙旺。間亦被命籌邊使國史館長。又當道頗有餽遺。庚運正印。午運偏財。皆時雨時晴之象。今年甲子。歲運相戰。必有動機。否則疾厄。辛金梟神奪食。大劣。未壬申十五年。尙不惡。此造乙木食神得祿。或可長壽。奈戊土雖透。柱無丙丁巳午戌未。一生不能掌政權。爲一憾耳。

章士釗

梟辛巳　卩財官　貴人

梟辛卯　食　貴人

元癸丑　比卩殺　刃

食乙卯　食　長生　貴人　文昌

胎元壬午

立命亥宮

初五庚寅

十五己丑

廿五戊子

卅五丁亥

四五丙戌

五五乙酉

八字純陰。地支聚貴。而卯丑丑卯。暗拱兩寅。卯巳拱辰。所謂龍吟虎嘯格。亦見不見之形也。子運癸水日元得祿。一鳴驚人。丁運偏財。尅去梟神。皆屬佳境。亥巳冲動驛馬本佳。惜卯亥彙木。制煞太過。明年乙丑。交入丙運。去梟存食。丙寅流年。四十六歲。必可入閣。非外交則教育。當無疑義。二丙二辛。化水挈身。丙辛主威權。宜可一展懷抱矣。庚午流年。正印生癸。尤屬佳象。戊丑刑庫。瑕瑜互見。癸酉一年。善自珍衛。乙運甚劣。戊寅五十八。防大限。

胡適

才辛卯 印
財庚子 煞
元丁丑 食 煞才庫
比丁未 食 比刃 印
胎元辛卯
立命戌宮

初四己亥
十四戊戌
廿四丁酉
卅四丙申
四四乙未
五四甲午

煞旺身弱。非時上比肩。何以自存。立命戌宮。戌爲文庫。得丑未刑開。故文名藉甚。子丑卯彙聚。中虛寅木正印。所謂虛一待用。亦見不見之形也。廿四交丁運。三丁并透。宜享盛名。酉運長生。又有丁字蓋頭。故仍屬佳境。今年甲子。甲木印綬。生扶丁火。益進一境。惟丙運丙寅年。三十六歲。二丙奪丁。有日中見斗之象。善自珍攝。申運暗冲寅印。己巳庚午兩年大佳。惟乙運四十四。乙庚化金。恐身弱不能勝耳。未運冲丑。甲運正印。此十年却係佳運。

張繼

比 壬午	財官	初四己酉
煞 戊申	卩比殺 驛馬 沖	十四庚戌
元 壬寅	食才殺 文昌	廿四辛亥
比 壬寅	食才殺 文昌	卅四壬子
胎元己亥		四四癸丑
立命未宮		五四甲寅

驛馬重冲。七煞獨透。生於秋令。日主亦旺。惟寅木食神制煞。爲申金梟神所尅。故亥運合寅。當選參議院議長。壬運比肩。亦復不惡。子午冲办。故未稱意。明年乙丑。癸戊合煞。必有動機。丑運壬申年極劣。兩申冲破兩寅食神。則七煞太旺。恐有性命之憂。甲運制煞。且寅食透出尤佳。此五年大展懷抱。寅運若無恙。乙卯十年極佳。

褚輔成

才癸酉 食 文昌 長生　初八丙辰

梟丁巳 亻印刼　十八乙卯

元己卯 煞　廿八甲寅

合

官甲戌 食卩刼　卅八癸丑

胎元戊申　四八壬子

立命丑宮　五八辛亥

慧僧八字。極難推究。余詳加審度。始決其變旺爲弱。蓋己酉與丑宮三合金局。生扶癸水。丁火已失其傚力。卯戌合處逢冲。亦不能化火。則卯中乙木。戌中辛金。又屬洩氣。故癸運壬運。皆瑕瑜互見。丑運亦然。丑末己土。尚屬安適。其變旺爲弱可見。明年交子運。己土遇貴。此中必有佳遇。權位甚隆。丙寅一年應之。丁卯又劣。蓋卯子酉刑冲太過。火土絕在卯。己土本身。又絕於子也。戊辰冲開火庫却佳。己巳亦不惡。辛運癸酉年。天冲地尅。非其所喜。

譚延闓

四柱	註	大運
殺己卯	食　文昌長生貴人	初八丙子
才丁丑	卩殺比　刃	十八乙亥
元癸丑	卩比殺　文昌長生貴人	廿八甲戌
食乙卯	食	卅八癸酉
胎元戊辰		四八壬申
立命子宮		五八辛未

八字純陰。命宮得祿。己土七殺雖旺。有乙木制之。不足爲害。然癸水日元。究非強者。故亥運成名。甲己合煞。丑戌刑出癸水比肩。辛亥壬子流年極佳。癸丑下半年。又見一殺。且歲君伏吟。故下野。丙辰三十八歲。交入癸運。比肩扶身。庚申流年。印綬顯露。故兩次督湘。酉運梟神尅制卯木。故庚申臘月。將次交脫。便生肘腋之變。去年癸亥。流年雖佳。尚在酉運。宜未能得志。今年甲子。較有進步。明年乙丑。吉凶互見。四十八交足壬運。又入佳境。庚午五十二最佳。申運五年。生平懷抱可以大展。而辛未壬申癸酉甲戌乙亥。流年尤好。風雲際會。非偶然也。(此五年較前皆佳)。辛運急流勇退。未運冲丑。亦非全美。庚運極妙。不忌生旺。午運壽終。

段芝貴

官己巳 印才殺 貴人
食甲戌 印財殺 庫
元壬辰 冲 殺刃刃
梟庚子 劫 刃
胎元乙丑
立命午宮

初七癸酉
十七壬申
廿七辛未
卅七庚午
四七己巳
五七戊辰
六七丁卯

八字胎元納音。五行俱足。亦見不見之形也。惟霜降後土旺。壬水日元甚弱。四柱中無印。庚金梟神。陽不生陽。宜以從殺論。惜子辰半會。微有水意。從殺不清。故生平遭際。時有風波。庚運梟神得黨。丁未年獲譴。午運冲去子水病神。己土助煞。故屢擁節旄。財權兩旺。庚申年交巳。巳初又有庚金梟神。直皖之役。當然失敗。壬戌壬辰。冲開土庫。故遇特赦。發還財產。蓋壬戌年己在巳中丙火也。癸亥流年。與己巳歲運相戰。冲動驛馬。瑕瑜互見。明年交戊運七殺。又入佳境。丙寅丁卯戊辰己巳四年皆佳。戊辰六十歲尤佳。甲戌一年。與戊辰又係歲運相戰。壬申一年。三合水局。皆有風波。丁壬合化壬水日元。庚辰七十二歲。恐歸道山。

龍濟光

刃丁卯 印
比丙午 劫 刃
元丙子 冲 官
殺壬辰 官 印
胎元丁酉
立命午宮

初七乙巳
十七甲辰
廿七癸卯
卅七壬寅
四七辛丑
五七庚子
六七己亥

八字缺金。而胎元正財坐貴。補其不足。且四柱納音。三水一火。生於夏令。有水火既濟之妙。又所謂見不見之形矣。殺刃相資。宜膺專閫。惟刃多煞淺。故辛運生煞。財權兩旺。戊午流年。交入丑運。子丑先合。而子午冲之。陽刃倒戈。故一敗塗地。庚運偏財。若以生煞論。似可再起。惟丙辛可以化水。雖二丙亦化。而庚財透出。有比刦爭奪之嫌。今年甲子。甲庚一冲。子午再冲。大有動機。化凶爲吉。此造與明宰相夏言相似。子運生吉後凶。於癸酉一年。見其凶兆。蓋子爲七煞旺地固佳。而子午冲尅太過。且癸酉丁卯。又冲尅太歲。癸水正官。與煞爭權。恐死於非命。

壬占元

刃辛酉 刃　　初六己丑
比庚寅 殺才印　　十六戊子
元庚子 イ　　廿六丁亥
殺丙子　　卅六丙戌
　　四六乙酉
胎元辛巳　　五六甲申
立命寅宮　　六六癸未

庚逢寅而遇丙。主旺無危。即此造之謂也。刃煞相資。故膺專閫。八字缺土。以寅中戊土梟印爲用。庚寅庚子。中拱丑貴。尤爲得力。酉運陽刃挈身。甲木生煞。十年佳境。辛酉交申運。寅申冲提冲祿冲用。故一敗塗地。明年乙丑。貴人填實。防有不測。丙寅尤劣。蓋兩寅冲申。全局震動。則子寅不能拱丑矣。(二寅不冲申之說非是)。

朱慶瀾

印甲戌 比オイ　初九戊辰
比丁卯 卩　十九己巳
元丁卯 卩　廿九庚午
殺癸卯 卩　卅九辛未
胎元戊午　四九壬申
立命亥宮　五九癸酉

八字與胎元。四火一金。鍛鍊太過。比肩透干。正偏印疊見。身旺煞淺。庚金正財。鬬去甲印。廿九歲後。漸露頭角。辛運偏財亦佳。故壬子至丁巳屢膺專閫。丁巳流年。交入未運。未初乙木用事。宜其下野矣。此造妙處。在四柱缺金。三卯暗沖酉金財貴。亦見不見之形也。壬戌流年。交入壬運。官殺爭權。較未爲愈。仍非其至者。必待丁卯五十四歲。交申運後。驛馬乘財以旺金尅制乙木梟神。尤屬大吉。五十四歲夏令。即有動機。財權兩旺。戊辰沖戌。己巳合甲。強台直上。庚午五十七。辛未五十八。爲生平最得意之秋。壬申五十九。交入癸運。以殺去比。比去而財存。別開生面。亦佳境也。酉運己卯年。財貴塡實。四卯沖之。防有不測。

吳光新

劫壬午 殺才　初九丁未
財丙午 殺才　十九戊申
元癸未 才殺食　廿九己酉
比癸亥 刦亻　卅九庚戌
胎元丁酉　四九辛亥
立命子宮　五九壬子

此造原作子時。庚運必佳。乃反不如酉。且幾罹不測。余改爲亥時。亥子之間。最易錯誤也。亥時。係用未土獨殺。而以丙午破卯。亥未邀卯。邀合卯貴。酉運暗冲卯貴。且七殺得其長生。故佳、庚印受制於丙。故不佳。戊未刑開火庫。且暗合卯貴。惜殺星太旺。泰極而否。

張作相

比	辛巳	刦官印	初二庚寅
比	辛卯	才	十二己丑
元	辛丑	食比印	廿二戊子
比	辛卯	才	卅二丁亥
胎元	壬午		四二丙戌
立命	亥宮		五二乙酉

天元一氣。八字純陰。而地支又夾拱寅辰。所謂龍虎夾貴格。亦見不見之形也。現在丙運正官。倘非其至者。丁卯四十七。交入戊運。丑戌刑開金庫。大爲得意。戊辰四十八。辰戌又沖。權位益隆。己巳庚午。益臻佳境。辛未辛丑。財庫沖開。雖係返吟。當以佳運論。壬申五十二。交入乙運。衆比爭財。急流勇退。酉運塡實。尤患所忌。蓋此造妙處。除上述理由外。以二卯暗冲酉祿。以巳丑暗邀酉祿。尤爲特點。故不宜值酉運也。

趙恒惕

食庚辰（官財比 庫）
比戊子（財）三合
元戊子（財）
食庚申（才比食 文昌 長生）
胎元己卯
立命申宮

初五己丑
十五庚寅
廿五辛卯
卅五壬辰
四五癸巳
五五甲午
六五乙未

八字缺火。用支中申子辰。暗冲寅午戌印綬。可稱冲印格。現在辰末水庫。仍屬佳境。癸運正財。似亦不惡矣。而柱中戊庚兩見。暗合癸乙財官。又可稱暗合財官格。癸運填實。患其所忌。乙丑流年尤劣。宜急流勇退。否則丙寅四十七歲。必有橫禍。

陳烱明

煞丁丑　甲比食　　初三壬子

食癸丑　甲比食　　十三辛亥

元辛卯　才　　　　廿三庚戌

食癸巳　財印官　日馬　　卅三己酉

胎元甲辰　　四三戊申

立命亥宮　　五三丁未

卯巳拱辰。丑卯拱寅。是爲龍虎拱貴。又納音兩木兩水。所謂水繞花堤。亦奇格也。小寒後水旺。四見癸水食神。制煞太過。故行戊己運。以土尅水。則丁火七煞。方能得力。今年甲子。仍在戊運。戊癸化火。甲木正財。又生丁火七煞。或可再起。惟明秋交申。申運合巳。化成水局。明年乙丑。巳丑半會金局。金水相生。非其所喜。又恐失敗。

陳宧

劫庚午　殺印　貴人　　初七庚辰
梟己卯　才　　十七辛巳
元辛亥　傷財　　廿七壬午
傷壬辰　才印食　　卅七癸未
胎元庚午　　四七甲申
立命戌宮　　五七乙酉

歲支獨煞。時支正印。煞印相生。以亥卯辰之旺財。復見壬水傷官生之。不免洩氣。癸雖食神。有己土尅制。未雖會財。反去生煞。故癸運任二十鎮統制。未運由次長出膺專閫。位至川督。四十七交入甲運。甲庚戰尅。明財遇劫。宜其下野。幸甲己化土。稍解。現在申運。甲子流年。三合水局。冲動七煞。若非際會風雲。則有奇禍。乙酉十年。隨遇而安。

陸錦

傷庚辰	劫財殺庫	初五庚寅
比己丑	比食才	十五辛卯
元己酉	食長生 文昌	廿五壬辰
殺乙亥	財官	卅五癸巳
胎元庚辰		四五甲午
立命辰宮		五五乙未

大寒後己土。正屬得令。時上七殺。受制太過。故壬辰癸十五年。財旺生殺（辰爲乙木冠帶之鄉。亦佳）巳火合處逢沖。仍以正印論。惟亥財破印。今年甲子。官殺又相混雜。急流勇退。然以余推之。己亥沖馬。恐不能退。且有外除之象。先泰後否。於冬令應之。（外除之期。當在四十兩月。）

辰土財庫。故前清末葉。曾署布政。命理之驗。有如此者。

蔡戍勳

印壬申 官印財 貴人
官庚戌 殺食財
元乙卯 比祿
比乙酉 殺 沖
胎元辛丑
立命酉宮

初二辛亥
十二壬子
廿二癸丑
卅二甲寅
四二乙卯
五二丙辰

兩金兩水。生於秋令。得兩間之秀氣。故兼權文武。以子平常理推之。乙卯專祿。比肩相幫。日元尚不弱。惟申酉戌會局。化官爲煞。洩氣太過。而壬水印綬。又足以化煞生身。八字頗佳。行乙卯十年皆佳。現在丙火制庚。而壬水尅之。先吉後凶。

李厚基

梟庚午 財官
官己卯 傷 文昌
元壬寅 三合 食才殺
梟庚戌 印財殺 庫
胎元庚午
立命辰宮

初十庚辰
二十辛巳
三十壬午
四十癸未
五十甲申
六十乙酉

土金相生。元武當權。皆所謂見不見之形。惟四柱洩氣太過。究嫌身弱。以戌中辛印爲用。寅午卯合之。是其所忌。故癸運挈身雖佳。尚不逮未運刑戌。刑出辛金也。甲巳貪合忘官。宜其去職。申寅沖馬當有動機。乙運傷官見官。壬申流年。動必有悔。

孫傳芳

傷乙酉 甲沐浴 合　初五己卯
梟庚辰 亻殺刦　十五戊寅
元壬寅 食才殺 文昌驛馬　廿五丁丑
官己酉 甲　卅五丙子
胎元辛未　四五乙亥
立命辰宮　五五甲戌

清明十日後。春水得令。印綬三見。自旺無疑。蓋進神所係。極有力量也。如寒露十日。丁火亦旺。可與己午未月同論。反之己午未月。土爲進神則火已退氣。不得以旺推之。此造疑係戊申時。蓋辰中七殺。透出天干。而寅申冲馬。尤足證明其爲疆帥。丙丁去梟。且財能生煞。故皆佳境。丑土爲戊殺貴人之鄉。亦吉。然丁係陰火。不過漸露頭角。丙火制庚。則更有力矣。己未三十五歲。強台直土。壬戌年冲開煞庫。膺上游總司令。癸亥合煞化火生之。故調任閩督。今年甲子。上半年木火相生。間接助煞。宜其勝利。然五月庚午。與甲子太歲冲動陽刃。天下事正未可知。且今年交入子運。申子辰三合水局。以急流勇退爲宜。否則丁卯流年。卯酉冲印。寅卯辰又會成木局。戊土敗於卯。必有不測之禍。

即以酉時論。今年甲己貪合忘官。亦不見佳。丁卯年冲去己酉官星。尤劣。

徐紹楨

劫辛酉 劫刃　　初九癸巳
才甲午 官印　　十九壬辰
元庚戌 劫官印 魁罡　　廿九辛卯
比庚辰 印[illegible]財　　卅九庚寅
胎元乙酉　　四九己丑
立命午宮　　五九戊子

魁罡挾刃。宜掌兵柄。已運印綬。但合去甲財。故官旺財衰。丑運貴人。因係墓庫。故吉凶互見。戊運雖屬梟神。以甲戊庚會成三奇之局。故出任粵長。子午冲官。丁卯流年。卯酉冲刃。似非所喜。若以納音論之。辛酉石榴木。受制於金。日上三金一木。尅制太過。故行戊子己丑火運去金。皆屬佳境。惟子午冲。丑戌刑。小有瑕疵。準此以推。丁亥運。土金相生。亦不足取也。

韓國鈞

刃丁巳 財食比 祿
官癸卯 印
元丙辰 食官印
官癸巳 財比食 祿
胎元甲午
立命酉宮

初八壬寅
十八辛丑
廿八庚子
卅八己亥
四八戊戌
五八丁酉
六八丙申
七八乙未

地支連茹。命宮坐貴。亦見不見之形也。八字缺金。而酉宮補其不足。所以爲貴。戌運冲開官庫。酉運財貴皆屬佳境。現交丙運比肩。非其所喜。今年甲子。子午暗冲胎元。五月十一月。恐有所失。己巳七十三。申運偏財。財官兩旺。壬申一年。丙申兩巳。財馬合祿。有意外佳遇。乙運生旺。七十八九。防大限。

孫發緒

印乙亥 印殺 貴人　　初三辛巳
殺壬午 亻刦 刃　　十三庚辰
元丙午 亻刦 刃　　廿三己卯
才庚寅 食比印 長生　　卅三戊寅
胎元癸酉　　四三丁丑
立命酉宮　　五三丙子
　　六三乙亥

純齋此造。身強殺淺。比刦太旺。財輕且露。非行天干財運以生煞。或地支官煞運。以去比刦。食傷運以生財洩氣不可。故寅末艮土。出任山西省長。丁運合煞。宜其不佳。現交丑中辛金。逢甲子流年。子午冲刃。去比存財。必有動機。秋冬皆佳。乙丑流年。一喜一憂。丙寅五十二。泰極而否。丙運急流勇退。子運極佳。不以冲刃論。乙運生旺。老來所憎。

黃郛

四柱		大運
才庚辰	印食官	初九庚辰
傷己卯	印	十九辛巳
元丙申	才殺食 文昌	廿九壬午
食戊戌	刦財食	卅九癸未
		四九甲申
胎元庚午		五九乙酉
立命辰宮		六九丙戌

四柱土金過多。變旺爲弱。取卯木獨印爲用。戊癸化火。宜膺閣席。未戌刑開火庫。除未中己土外皆佳。甲申十年。瑕瑜互見。乙運正印。透出天干。此五年中。大展懷抱。權位極隆。酉運有乙字蓋頭亦適。內運極佳。老來蔗境。戌去沖辰。忌神益振。防大限。

湯薌銘

梟癸未 食才比
煞辛酉 煞
元乙亥 刦印
食丁亥 刦印
胎元壬子
立命申宮

初八庚申
十八己未
廿八戊午
卅八丁巳
四八丙辰
五八乙卯

余於辛酉秋仲。曾爲鑄新推演。斷其丁巳十年皆佳。乃丁運僅屢膺虛榮。不能攬實權。蓋癸水尅制太過也。（兩亥助癸）巳運冲亥。而乙丑流年。三合煞局動。必有凶。必須丁卯戊辰。方可進取。而丁卯秋令。尤有佳遇。權位甚隆。因巳中庚丙戊。初交庚未佳。入丙即妙。庚午四十八交足丙運。丙辛合煞。無論如何。必有風雲際會。此五年生平最爲得意之秋。辰運暗冲酉亥中虛拱之戌。財氣極旺。乙運亦佳。卯酉冲煞。却無取矣。（巳運冲尅太過。恐尚未盡美。丙運則稱意必矣。）

李鼎新

傷壬戌 印殺比　初四乙巳
冲
財甲辰 食印才　十四丙午
元辛亥 イ財　廿四丁未
財甲午 印殺　卅四戊申
人　四四己酉
胎元乙未　五四庚戌
立命子宮　六四辛亥

殺雨後土旺，本屬身強。惟四柱水木太多。變旺爲弱。故自四十九酉運起。皆屬佳境。戊運冲開火庫。殺印相生。故出任海長。今年在戊末子午冲殺。應有駁雜。子月應之。辛亥十年尚佳。亥運財氣尤旺。壬運亦美。子運冲去午火七煞。防大限。蓋此造全靠午火七殺爲用也。

廖仲愷

梟戊寅　才殺印　日馬　　初九丁巳
煞丙辰　財印亻　　十九戊午
元庚申　比食印　祿歲馬　三刑　　廿九己未
刃辛巳　比殺印　長生　　卅九庚申
胎元丁未　　四九辛酉
立命申宮　　五九壬戌

庚申專祿。煞刃雙透。辰中獨財得令。（清明十日內）。滴天髓所謂元機暗藏是也。未中乙木。申中壬水。皆掌財權。申中運且一任粵長。蓋八字缺水。失之偏枯。乙木獨財。比刦太多。故乙財壬食。悉屬佳境，癸亥年四孟全沖。幾罹不測。辛運陽刃倒戈。丙寅流年。天沖地尅，死於非命。斷然無疑。

許崇智

傷丁亥 印比 長生　初七己酉

煞庚戌 官傷才　十七戊申

元甲子 印　廿七丁未

沖　卅七丙午

煞庚午 傷財　四七乙巳

胎元辛丑　五七甲辰

立命子宮

身煞兩停。納音土金相生尤佳。中運七煞。生扶印綬。故早握兵柄。丁運洩氣。故亡命海外。未戌刑開甲木庫地。又爲貴人。故屢立戰功。而庚申辛酉流年最妙。蓋煞印相生也。現在丙運。制煞太過。甲子乙丑。或尙可免。丙寅四十歲。三合火局。洩氣制煞。必不獲保矣。

田中玉

才庚午 刦刃 イ　　初八戊子
刃丁亥 殺貴人 卩　　十八己丑
元丙辰 印日德 食 官　　廿八庚寅
印乙未 印 イ 局　　卅八辛卯
胎元戊寅　　四八壬辰
立命亥宮　　五八癸巳

納音四土一金。八字各出一旬。亦奇格也。丙火絕於亥。得印以挈身。弱而不弱。寅運長生。寅亥合煞。三十三歲後。漸露頭角。丙辛化水。反來生木。所謂仇變爲恩。（辛財尅乙印）。故亦不惡。卯運三合木局。生扶丙火。強台直上。四十八壬運。丁壬眞六合。化木生火。且係合刃。故膺閫寄。（丁火挈身。合化本不佳。乃丁壬化木。匪寇婚媾。仍屬佳象）。壬戌交辰運。辰戌冲開火庫。故尚稱意。癸亥流年。癸水傷丁。且在辰運殺墓中。宜其下野矣。今年甲子。甲子庚午。戰尅太歲。陽刃飛起。恐有風波。宜靜守。乙丑丙寅兩年。印綬長生。當可再起。惟丁卯五十八歲。癸丁相戰。又宜急流勇退。否則有禍。

屈映光

殺癸未（卩食比刃）　初三甲寅
梟乙卯（卩）　十三癸丑
元丁巳（財刼亻）　廿三壬子
印甲辰（卩亻殺）　卅三辛亥
胎元丙午　四三庚戌
立命戊宮　五三己酉

地支卯辰巳未。虛拱午祿。八字胎元納音。五行俱足。亦奇格也。子運暗冲。冲動午祿。故一鳴驚人。乙卯三十三歲。小寒後交辛運。未及半年。即以洪憲帝制失敗。隨之下野。亥運與卯未。三合木局。生扶午火暗祿。今年甲子。子午又暗冲。必有動機。惟辛亥丁巳。天冲地尅。乙丑八月。恐有不測。庚運正財。非其所喜。戌未刑開火庫。己土食神制殺。此十年却係佳境。酉卯冲提。全局震動。大限止此。

張敬堯

殺辛巳 官亻財 驛馬
食丁酉 殺
元乙卯 比 祿
才己卯 比 祿
胎元戊子
立命巳宮

初五丙申
十五乙未
廿五甲午
卅五癸巳
四五壬辰
五五辛卯

乙木陰柔。雖秋生。得兩祿不弱。惟辛金七殺太旺。喜丁食制之。三十歲後。午運長生。又丁火食神見祿。必屬佳運。癸丁相戰。有己土制癸。返仇爲恩。故屢立戰功。位至湘督。庚申流年。交入巳運。巳初有金。歲運皆殺。宜其不振。辛酉尤劣。明年四十五。交入壬運。丁壬化木。化凶而吉。八月後必有動機。丙寅丁卯。四十六七。又握重柄。戊辰己巳兩年亦佳。庚午交辰初乙木。五十五十一兩年。財權兩旺。壬申五十二。急流勇退。否則癸酉一年有凶。

何豐林

刦癸酉	印	初九丙辰
財丁巳	才卩殺 貴人	十九乙卯
元壬午	官財	廿九甲寅
財丁未	財官亻	卅九癸丑
胎元戊申		四九壬子
立命辰宮		五九辛亥

入水巽而見金。繼善篇所謂絕而不絕也。巳午未尅制酉印太過。故自癸運起。癸水制丁。漸露頭角。丑運三合金局。又冲開印庫。故累擢至護軍使。壬運比肩亦佳。惟甲子流年。子午冲刃。一喜一憂。明年乙丑甚佳。丙寅交入子運。急流勇退。否則有不測之禍。

江朝宗

傷辛酉	傷	初八庚子
傷辛丑	刦財亻	十八己亥
元戊寅	比卩殺	廿八戊戌
傷辛酉	亻	卅八丁酉
胎元壬辰		四八丙申
立命午宮		五八乙未

納音二木二土。以胎元一水流之。亦見不見之形也。若以子平正格論之。八字中傷官太旺。大寒後土雖當王。而洩氣如此。變旺爲弱。又不待言。寅木七煞受制太過。又其一病。運行丙丁印綬。當然大吉。酉中因得丙丁之餘蔭。合於神峯蓋頭之說。故亦不惡。乙木傷官見官。故一交乙運。便即下野。然竟得無恙。可謂大幸。現在未運。丑未冲開金庫。今年甲子。子午冲破命宮午火正印。有虎尾春水之患。蓋此造全靠午火正印。坐於命宮。衹要午字。不受損害。皆可苟全。此非淺者所知矣。

倪嗣冲

殺戊辰 劫殺彳　　初十乙卯
食甲寅 殺才食 文驛 昌馬　　二十丙辰
元壬戌 殺財印 庫　　三十丁巳
比壬寅 殺財食 文驛 昌馬　　四十戊午
胎元乙巳　　五十己未
立命丑宮　　六十庚申

八字純殺。並無一官混之。所以爲貴。而三木制殺。嫌其太過。戊運助殺。午運三合財局。又係生殺。故四十至五十。行戊午十年。財權兩旺。己土正官。與戊煞爭混。故先吉後凶。己未流年。又見一官。宜得廢疾矣。庚申梟神。辛酉印綬。皆非所喜。蓋此造亦以從殺論也。(四柱無印。)現在未運中。仍係正官。惟中藏木火。故不至死。明年秋後。交入未末之己土。又值乙丑流年。乙丑己未。歲運相傷。食傷官煞。爭混不已。必無幸矣。

劉冠雄

財辛酉 財 貴人　初二癸巳
梟甲午 亻刦 刃　十二壬辰
元丙戌 財 刦 食　廿二辛卯
傷己亥 卩 殺 驛馬　卅二庚寅
胎元乙酉　四二己丑
立命子宮　五二戊子
　　　　　六二丁亥

此造原係子時。余以子午冲祿。且七煞冲去。根本不佳。必爲亥時之誤。蓋亥時獨殺。午爲丙刃。刃刃煞相資。而亥水驛馬得用。故歷任海長。戊土食神生財。子雖冲刃。財貴長生之鄉。故前後兩次出山。現在丁運。陽刃倒戈。甲子流年。動必有悔。

彭允彝

才戊寅 比食才 祿

梟壬戌 官イ才

元甲子 印

食丙寅 比食才 祿

胎元癸丑

立命己宮

初十癸亥

二十甲子

三十乙丑

四十丙寅

五十丁卯

六十戊辰

五行納音。金木水火土俱足。且八字純陽。戌子子寅。暗拱亥丑天門貴人。皆所謂見不見之形也。寅運祿堂。壬戌流年。九月後交運。而教育總長即從天外飛來。命理可信。於此足見。癸亥流年。亥字塡實。故不終其任。丁壬化木。合去梟神。亦復不惡。卯運陽刃。惜卯戌化火。吉凶互見。戊辰財運。非其所喜。

附錄

宣統

才丙午 財官　　初九辛卯
印庚寅 食才煞 文昌　　十九壬辰
元壬午 財官　　廿九癸巳
才丙午 財官　　卅九甲午
胎元辛巳　　四九乙未
立命酉宮　　五九丙申

五行缺土。八字純陽。一望而知爲奇格。或以官煞不見。故爲失國之君。不知此造妙處。正在不見官煞。蓋未土爲壬水之官星。四柱中戊己絕迹。然三見午財。暗合未官。所謂見不見之形也。庚金梟神。二丙制之。則八字四無倚傍。命宮忽値酉金印綬。與未土官星遙相策應。而皆在四柱以外。若固守舊業。必難稱意。宜於故土以外別開生面。方可大展懷抱。有所建樹。辛運印綬塡實。卯木洩氣。皆非所宜。本年甲子。十九歲交足壬運。比肩幇身。又子午冲開端門。似有一鳴驚人之象。（非復辟因此造不利於舊有之事業。必革故鼎新。乃能有爲）辰運暗合酉印。尤佳。廿四歲益進一境。癸運陽刃。權位甚隆。直至五十三。未運官星塡實。始告壽終。

陳夔龍

才丁巳　印財官　貴人
食乙巳　印財官　貴人
元癸丑　比印殺
財丙辰　食官比
胎元丙申
立命未宮

初七甲辰
十七癸卯
廿七壬寅
卅七辛丑
四七庚子
五七己亥
六七戊戌

水歸巽宮。胎元得申金正印。補其不足。所謂水入巽而見金是也。庚運四十七。正印透露。子水祿堂。故前後十年。強台直上。屢膺疆寄。辛亥流年。亥子丑彙成水局冲去巳中庚金印綬。以清室遜國。去官之滬。亦前定也。己亥十年。隨緣且過。戊癸化火。合化日元。戊辰七十二。在戊戌運中。歲運相戰。又冲開火庫。洩氣太過。恐歸道山。

陳寶琛

官	戊	申	印劫官
劫	壬	戌	卩才官　庫
元	癸	巳	印財官　貴人
食	乙	卯	食　文昌　長生　貴人

胎元癸丑

立命辰宮

初七癸亥
十七甲子
廿七乙丑
卅七丙寅
四七丁卯
五七戊辰
六七己巳
七七庚午

聽水師傳八字。原作寅時。然余再三推敲。斷定其誤。蓋寅時三刑。且時上傷官坐祿。決難得子。而戊土官星受制於甲干無救濟。亦主貧薄。皆與事實上不符。又三刑得用。威鎮邊疆。聽水生平。僅一度外除晉撫。尚未蒞任。旋改內調。尤非寅時之證。故改從卯時。食神坐祿。透出時干。可以天廚食神論。獲大年享盛名。屢掌文衡。位至保傅。皆重在卯時。而卯巳中拱辰龍。申戌中拱酉鳳。又見不見之形。所謂攀龍附鳳格。非淺者所知。辰戌冲庫。財官顯露。故再起。辰龍塡實。故先得病厄。現在巳運財貴強台直上。丙丁兩運。明財遇劫。（壬水劫財）干上不見甲木。此十年皆不佳。故甲申交丙後。謫歸故里。寅卯木運。生扶巳財。故罷官後經商台灣。大有所獲。庚運正印。遙欲合乙。今年甲子。歲運相戰。明年乙丑。又入佳境。直至辛運。梟神奪食。恐歸道山。壽八十六。

鄭孝胥

才 庚申 才殺食 文昌 驛馬
才 庚辰 官印食
元 丙午 亻刦 刃
食 戊戌 財刦食
胎元 辛未
立命 寅宮

初二 辛巳
十二 壬午
廿二 癸未
卅二 甲申
四二 乙酉
五二 丙戌
六二 丁亥
七二 戊子

太夷丈不自知其生時。第謂係傍晚。余詳究其已往之遭際。定爲戌時。蓋戌時冲辰。文庫冲開。故享盛名。且命宮坐寅。三合火局。尤爲可貴。八字與胎元。各居一旬。又所謂見不見之形矣。以子平生尅之理斷之。財旺身弱。用午火日刃。蓋無可疑。以其文人掌兵柄者。亦在此。乙運正印。生扶丙火。兩庚不能合。故任邊防督辦。丙戌十年。雖値鼎革。然實際上。頗復不惡。現在丁運。陽刃復行陽刃。今年甲子。子午又冲。必有意外。非極凶則當至吉。明年乙丑。大佳。亥運七殺。暗合寅木。直至七十二。此數年中。生平最得意之秋。七十二戊運。急流勇退。丙子七十七。虎尾春冰。非所敢知矣。（庚申爲馬頭帶劍。）

康有爲

殺戊午 官財
傷乙卯 傷貴人
元壬子 刦刃
冂庚子 刦刃

胎元丙午
立命寅宮

初七丙辰
十七丁巳
廿七戊午
卅七己未
四七庚申
五七辛酉
六七壬戌

水木眞傷官。乘旺洩氣。故能享盛名。歲干七殺。受制太過。故仕途屢不得志。未運木墓。戊戌流年。幾及於禍。幸戊未一刑得免。庚申辛酉。前後二十年。以金尅木。去傷存煞。故獲鉅金。現在壬運中。比肩挈身。亦尚不惡。惟甲子戊午。冲刃冲歲。爲可慮耳。戊辰七十一歲。歲運戰尅。先吉後凶。此造乙木傷官得祿。四柱並不再見。所以奇特。蓋秀氣所鍾。以獨爲貴也。

梅蘭芳

印甲午　比食　祿　　初七乙亥
印甲戌　才比イ　　十七丙子
元丁酉　才　文昌　長生　貴人　　廿七丁丑
殺癸卯　卩　咸池　　卅七戊寅
胎元乙丑　　四七己卯
立命辰宮　　五七庚辰

霜降前丁火得氣。午戌彙聚。三印一比。日元旺甚。酉金獨財。受制太過。故自子運。冲去午火比肩存財。漸享盛名。現在丁運。有癸水七煞制之。仍屬佳境。且庚申辛酉壬戌癸亥甲子五年。皆屬金水。宜其無往不利矣。丑戌刑開財庫。財氣尤旺。惟丙寅丁卯之交。得失互見。蓋丑戌一刑。戌中丁火亦顯。正與丑中辛金相尅也。戊癸化火。合去七煞。甲戌四十一歲。大有玉樹徂春之感。蓋此造納音。二火三金。而金質殊脆。以山頭山下之火。尅海中砂中金箔之金。化爲灰燼矣。何能永年。惜哉。

畹華八字。原作寅時。余以寅時推勘前運。完全不符。蓋官印雙顯。出身必不至寒微。且不至作梨園弟子也。

琴雪芳

官甲辰 劫才殺 庫 初三庚午
食辛未 印比殺 刃 十三己巳
元己酉 食 文昌 長生 廿三戊辰
劫戊辰 劫才殺 庫 卅三丁卯
胎元壬戌 四三丙寅
立命午宮 五三乙丑

四柱缺水。官星無根。財星不顯。故爲歌裙舞扇之流。惟土旺見金。食神得祿。秀氣藉以發洩。故頗擅傾城之譽。現在巳運。巳酉彙金。流年甲子。財旺生官。今年或可從良。明年乙丑。三合金局。尤佳。丙寅交戊。丙辛化水。正官得祿。此數年皆吉。丁丑卅四歲。一梟奪食。蕙折蘭摧。亦可惜也。是年即倖免。亦必刑夫。且病厄。

某女士

食己丑 食才煞 庫

食己巳 イ劫財

元丁未 食比卩 刃

煞癸卯 卩

初二庚午

十二辛未

廿二壬申

卅二癸酉

四二甲戌

五二乙亥

胎元庚申

立命中宮

巳丑半會金局。而不見酉。卯未半會木局。而不見亥。酉爲丁火之偏財。亥爲丁火之正官。以巳丑暗合酉財。以卯未暗合亥官。財官皆從暗合而得。尤神妙不可思議。時上七煞。故無子。食神五見。癸煞無根。則制煞太過。故夫星帷薄不修。壬丁作合。宜其恣行淫亂。申運正財。八字缺金。恰補其不足。宜其多獲非分之財。民國九年庚申。交入癸運七煞。二煞爭權。因姘識某某。爲某司令部所拘。囚亦其所。乙丑三十七歲。交換酉運。偏財塡實。先吉後凶。丁卯一年。卯酉沖。癸丁又沖。且歲運相戰。必以淫死。此造八字純陰。又格局奇特。亦見不見之形。故名噪一時。而揮霍至數十萬金。所惑男子。至十餘人。惟歲支自坐財庫。四柱表面上。亦尚純一。故雖無行。猶不失爲良家婦女。賴以此耳。

陳炳焜

印戊辰　食印才
食癸亥　イ財
元辛丑　食比卩
梟己亥　イ財
胎元甲寅
立命未宮

初十甲子
二十乙丑
三十丙寅
四十丁卯
五十戊辰
六十己巳

舜卿督軍此造。極難推究。試一詳繹。則知月日時天干。得己癸辛。爲戊土太歲之貴人。以丑遙巳。以兩亥冲巳。爲辰土太歲之印綬。八字缺火。尤屬合格。故卯運偏財。暗生巳印。大爲得意。戊運亦佳。與巳同宮也。壬戌流年。交入辰運。兩辰冲戌。而歲運又天冲地尅。故有不測之變。蓋凡此種格局。最忌冲尅耳。

人鑑卷下

命理擷要

論五行旺弱

五行之氣。得天而生。因時而異。易地而不同。等一火也。夏日可畏。而冬日可愛。等一木也。寒帶多枯。而溫帶多榮。金遇火則器皿以就。水得土則堤岸以成。惟土在四時皆不失其用。蓋先有土而後有天地萬物也。故言五行旺弱者。應以土除外。歷來關於命理之書。每謂土旺於四季。與春木、夏火、秋金、冬水同論。非知五行之眞也。不寗惟是。即金木水火。有得時不旺。失時不弱者。亦有變旺爲弱。變弱爲旺者。若但就春木、夏火、秋金、冬水。斷其旺弱。淺矣。譬諸木。春生固旺。在雨水以前則弱。又譬諸水。夏生固弱。在夏至以後則旺。此四言獨步所謂進氣不死。退氣不生、是也。前者如林廉孫表伯八字。乙卯、戊寅、壬子、庚戌。水木假傷官格。以寅卯木彙聚爲福。似春木不畏金制。然一入酉運。即不永年。則雨水以前之木。洵得時不旺者矣。（神峯闢謬中此例亦頗夥。）後者如林宗孟君（前司法總長）八字。丙子、乙未、癸卯、己未。夏令之水。似不宜洩氣。然亥運三合木局。反以布衣入閣。蓋三伏生寒。夏至以後之水。固失時不弱者。制煞便佳也。至於變旺爲弱者。以洩氣爲最此譬諸體質強健之人。苟琢喪太過。終於戕生而變弱爲旺者。則以生扶爲祥譬諸文弱之人。善自攝生。反可獲壽。故僅以日元。所值提綱。其五行當令與否。爲日元旺弱之標準。不從四柱。通盤審度。未有能驗者。變旺爲弱之造。如上卷所列。程衆愚八字。丙火生於巳月。曾雲沛八字。己土生於未月。皆反喜比刦而忌財官。其明徵也。變弱爲旺之造。如上卷所列。王儒堂八字。己土生於申月。孫譽遠八字。壬水生於辰月。皆反喜財官而忌比刦。近如王叔魯八字。亦壬水生於辰月者。且在穀雨後。土旺尅水。然地支申子辰三合水局。立變爲旺。尤可資印證。(叔魯八字上卷亦已揭載)抑猶有必須注意者。日元所值提綱。其支神中若僅藏五行之一種。如子卯酉之類。則此中何者當令。尙易推知。若其他支神。則所涵蓄廣。應分別推之。例如辰中有乙戊癸。巳中有庚丙戊之類。清明後十日。乙木當王。餘日癸水。穀雨後方爲戊土乘旺之時。立夏後七日用庚。餘日丙火。小滿後十日則戊土亦旺。非必以辰月全認爲土旺。巳月全認爲火旺。此又言五行旺弱者。不可不明辨而深思也。其詳當於論支神一篇再爲闡發。

論十干變化

十干即甲乙丙丁戊己庚辛壬癸也甲乙屬木。丙丁屬火。戊己屬土。庚辛屬金。壬癸屬水。盡人而知矣。甲與寅同宮。乙與卯辰同宮。丙與巳同宮。丁與午未同宮。戊與丙。丁與己。其寄宮相同。庚與申同宮。辛與酉戌同宮。壬與亥同宮。癸與子丑同宮。此則未盡知之者。然辰之爲乙。必在清明後未之爲丁。必在小暑後。戊之寄巳。必在旺相之月。庚之寄申。必在處暑之秋。癸之寄丑。必在小寒七日以內。乃爲適合。惟甲丙壬之寄宮則不論其生月何屬。故淺者但知寅亥合。不知甲壬亦合也。知巳申合不知丙庚亦合也。知卯酉沖。不知乙辛亦沖也。知子午沖。不知丁癸亦沖也。若此者在幾微之間。不可以不辨。故如壬寅、戊子、丙申、辛巳、丁亥、戊申六日。爲干支自合。男命值之。易致富貴。女命值之。多主放蕩。屢試不爽。可以證實。是殆珞琭子所謂無合有合。後學難知者乎。又如甲申、庚寅、辛卯、己丑、四日、爲干支自衝。無論男女命值之。皆不利其配偶者。亦可資參考也。八字中本有午戌。而缺一寅。天干見甲。即爲三合。則此一甲字。化木而爲火矣。八字中本有子辰。而缺一申。天干見庚。即爲三合。則此一庚字。化金而爲水矣。然必所生之月。水火旺相。且柱中水火之勢盛。則聊可舉隅。否亦未可以一概論。至於甲己化土。乙庚化金。丁壬化木。丙辛化水。戊癸化火。在從化格。固以化論。即在大運中。其有原來四柱內。土旺者。則甲運見柱中之己。便化爲土。水旺者。則丙運見柱中之辛。便化爲水。餘可舉隅。苟運喜土水。化則善矣。苟非所喜。化則害矣。此外惟眞六合亦化。何謂眞六合。戊辰與癸酉。丁亥與壬辰同出一旬之類、是也。眞六合而更値旺相。禍福尤著。非旺相者。稍減。甚乃三丙合一辛而化水。三丁合一壬而化木。亦間或一見。然則爭合妒合。皆先民欺人之說。不足信也。甲壬合者。例如靳翼靑八字。丙子、戊戌、甲子、辛未。行壬運。倒食。若拘泥古說。必謂大凶。然事實上甚佳。位至魯督。蓋壬甲合祿也。丙辛合者。例如孫伯蘭八字。壬申、辛亥、戊辰、甲寅。土輕木寒。最喜見火。乃丙運化水。故多坎坷。蓋貪財壞印也。餘不具贅。

論取用

曠觀唐以來、關於命理諸書。其拘執取用必在月令者。比比皆是。有淸沈孝瞻之子平眞詮。有明張楠之神峯闢謬。主其說尤力。愚以爲月令爲生日得氣深淺之所繫。在八字中固極重要。若謂舍月令外。皆不得取用。則誠膠柱鼓瑟。未見其可也。愚意取用之道。應首審月令。有無用神。固矣。果其無之。自當更求其次。凡年日時。皆可取用。但論其有氣無氣。不當問其是月非月。若更爲精密之研究。年上干支。去日較遠。日支雖近。又不足以左右全局。皆次要者惟時與月，宜等量齊觀。進一步言，時爲尤要。何則？年月日爲衆人所同，時爲一己所獨（天下人年月日相同者多，並生時而同者似較少數）。且時日關係密切，於焉取用，誰曰不宜。所惜前此吾人生時每不甚準確，否則除子卯酉外，巳時生者，若在九點四十分以內，應以庚金當事斷之，十點二十分以內，乃爲丙火，十一點以內，乃爲戊土。午時生者，則十二點以前爲丁，十二點以後爲己，餘可類推。此外胎元及命宮，亦關係切要，甚乃八字中別無可用之神，而胎元可用，或命宮可用，亦所不廢。所嫌胎元命宮每不甚準確，此則應加注意者。（例如吾人受胎七八九個月乃至十一個月生者不一，古法胎元但以十個月推算，命宮則生時一誤，即隨之轉移） 用時之例甚夥，如譚文勤八字壬午、甲辰、甲子、己巳，用巳中庚金七煞。楊杏城八字辛酉、辛丑、丁亥、甲辰，用時上甲木印綬。愚及羅雋人君八字，一爲甲午、戊辰、丁酉、庚戌，一爲己丑、戊辰、丁巳、庚戌，皆用戊庫中丁火比肩。又李孟魯君八字壬午、丙午、甲辰、乙丑，亦用丑中辛金庫官。此外不勝枚舉。用胎元或命宮者，如曾文正八字辛未、己亥、丙辰、己亥，用胎元寅木長生。江宇澄八字辛酉、辛丑、戊寅、辛酉，用命宮午火印綬是也。

論發微

每有八字中。無可取用。乃至胎元或命宮。亦無可用之神。此等幾微之處。最宜注意。蓋此中往往有奇格。所謂見不見之形也。欲發覺此等現象。必於天干與地支相互之間。細加揣摩。或干與干間。或支與支間。或干支之前後左右。苟有暗藏。或可以遙衝遙合虛邀隱合者皆是。但所暗藏之物。衝合邀合之物。須爲日主所喜者。或爲財官印綬食神。或爲貴人祿馬帝座。方可取貴。愚觀古今偉大人物。強半屬於此格。五行納音。亦須兼看。子平眞詮。不取五行俱足格。然段香岩彭靜仁兩君皆五行俱足。納音之有驗如此。又如納音一生三。一生四。或一尅三。一尅四。或兩木兩水兩金兩土兩火兩金。（餘類推）尤耐人尋味。其納音純金、純木、純火、純土、純水者。又無論矣。上卷所列。頗足參考。茲更略舉數四於下。例如明成祖八字。庚子、辛巳、癸酉、辛酉。柱中缺土。以巳酉邀丑。以子合丑。邀合丑土七煞爲貴。故爲一代英武之主。惟暗藏七煞。究爲戾氣。故以叔篡姪。明穆宗八字。癸卯、辛酉、癸卯、辛酉。柱中亦缺土。以兩卯合戌官。以兩酉合辰官。暗合官星爲貴。宋李后八字。丙子、庚寅、壬子、壬寅。柱中三、隱丑、土、官星。嚴介溪八字。庚子、己卯、癸卯、辛酉。庚子年生人。以丑爲貴人。而己、癸、辛、順行。月日時併作年干之貴。（丑中己癸辛）故權傾一時。此外蘭台妙選所列諸格。頗多可考。特介於讀者。

論支神

支神爲天干所履。舉足輕重。談命理者。不可或忽也。玉井奧訣。有支神至切一語。頗爲扼要。就愚經驗上論之。不僅八字中支神。應分別得氣深淺。即大運中支神。亦宜分別推其吉凶。譬如己生未月。在小暑十日後。反爲木旺。癸生辰月。在穀雨三日前。反爲水旺。庚金生巳月而不弱。以其值小滿七日內也。甲木生寅月而不強。以其值雨水十日前也。此外壬水生於立秋七日。正屬當王。丁火生於寒露十日。亦爲得氣。餘可類推。（參閱第一篇論五行旺弱）又大運支神。例如午運。應以二年半行丁字。二年半行己字。申運。應以庚壬戊。各分一年零八個月行之。此種推算。十有九驗。關於八字支神者。略舉一例。如林芷馨八字。己卯、丁丑、壬寅、丙午。生於小寒九日。正屬辛金印綬得令。雖八字缺金。行酉運。驟膺甘肅省長。蓋即滴天髓所謂元機暗藏也。關於大運支神者。亦略舉一例。如梁衆異八字。癸未、甲子、丙戌、辛卯。用印忌梟。故壬運亦不佳。戊午冬月交申運。扣足一年零八個月。申中庚金已交換庚申六月後。即轉入壬水七煞。生扶梟神。果於六月被通緝。迨壬戌二月後。交脫壬水。始於是年八月。

恢復自由。命運支神。須一律分別審視如此。

論格局

格局者。先天八字關鍵。凡人之富貴壽夭貧賤。應至何種程度。皆於格局。可以推知。若大運所係。特其一生之否泰得失耳。故格局既成。分際已定。精於命理。必能知之。惟格局有正格外格之分。正格即財官印綬傷食等格。外格即從象化象拱祿拱貴、倒冲、朝陽井欄叉、刑合、遙巳合官、聚祿夾庫、勾陳元武潤下炎上從革趨艮趨乾等格。關於正格。神峯闢謬所論。亦頗有可採者。關於外格。子平眞詮所論。亦間能盡致者。惜皆囿於一孔之見。妄自取舍。故所論僅於得半。三命通會星平滙海、滴天髓淵海子平、窮通寶鑑諸書。雖其簡明處。容不逮神峯眞詮較多精闢名貴之論。愚今舉一例。以明格局既成。分際已定。如神峯所載。某君八字。壬戌、壬寅、丁卯、戊申。列於印綬格。愚以爲大謬。蓋此造爲火土眞傷官用印格。其壞處在傷官見官。何者。戌中有戊土傷官。而壬壓之。寅中有戊土傷官。而壬又壓之。戊中傷官透出。而申中復有壬官。且得其長生。以如是之傷官。到處見官。且生於雨水前。明係戊土秉旺丁火洩氣。用印固宜。奈八字格局。見官太過。寅申又冲。貪財壞印。但觀此八字。固早知其必遭橫禍矣。果以巳運三刑。水土交戰。財印相尅。受淩遲之刑。然則格局旣成。分際已定之說。不又彰明較著耶。於此益知所謂傷官見官、貪財壞印、等等。皆自其八字之本體而言。於行運無與所謂金水傷官喜官食神喜刦財等等。亦言其本體。故火土眞傷官忌官而用印者。運逢官煞。反致貴顯。乃至傷官生財之造。理宜忌官矣。然官煞運亦不惡。如林贊虞尙書八字己酉、甲戌、丁未、庚戌。行壬癸運是也。金水傷官喜見官。八字中以丙丁巳午爲福。若大運。則又須戊巳印綬。中酉比刦。沈濤園中丞八字。戊午、癸亥、辛未、癸巳。田煥丞總長八字。戊子、癸亥、辛酉、庚寅。皆其例也。苟其八字中。本無丙丁巳午。則富貴減分。凡此又究心命理者。所宜加以體會也。此外關於格局之理論。愚所見尙夥。容異日續書詳爲闡發。

論六親

愚自研求命理以來。於推斷六親之說。始終有所懷疑。蓋六親之說。刑尅爲重。然父母年高。亦可以刑尅概之耶。兄弟妻子。自身運蹇。亦可以刑尅概之耶。此皆所未敢知者。姑就其驗者。略述於次。年以觀祖基。月以觀父母兄弟。日支爲妻妾。時支爲子女。此談命者。所定之通例也。淺者以爲年刦、月傷、日刃、時刃、或煞或墓。皆爲六親刑尅之徵。愚則謂凡八字中所値之忌神。看在何處。忌神見於年者。當然祖基不佳。見於月者。當然父母兄弟不利。於日支則損妻妾。於時支則損子女。此種推定其結果較驗。只問其爲忌神與否。不問其忌神之種類如何。必以刦傷刃比墓煞概之。反失之拘執。推此例以論六親。即妻妾不必皆以財斷。父母不必皆以印斷。亦第以喜神爲標準。例如八字喜印。日支坐印。便可認定其妻大佳。自餘類推。某君八字甲申癸酉戊子丙辰。日支坐財。且三合財局。並無刑冲破害。然尅妻至再。蓋戊土身弱。財多反忌也。陸鳳石相國八字。辛丑甲午丁巳庚戌。日支坐刦。然狀元宰相。夫婦齊眉。觀此則愚之理論。其得當必矣。

論女命

前人論女命。每以官星爲主。且其看法。與男命歧視。喜弱。喜清。愚以爲大謬。蓋男女八字。既同一理。豈可歧視。且實驗上。女命未必專看官星。未必專喜身弱格清。若舉例以證。無慮恒河沙數。今揭其最著者。如沈濤園中丞夫人八字。戊午、癸亥、戊申、乙卯。日主自坐長生。年帶印比。可謂有氣矣。然必待戊午己未運。方能貴顯。陳小石宮保夫人八字。戊午、己未、乙巳、丙子。傷官乘旺。梟神奪食。然行甲寅乙卯運大佳。謂女命喜弱、喜清。則沈造日主固已有氣矣。

陳造偏枯已極矣。何以榮貴。且陳造若使張楠輩推之。必用巳中庚金官星。而以丙丁火旺制官爲病。然則寅巳一刑。火勢益熾。何以安然無事。又沈造午申拱未貴。亥卯邀未貴。陳造納音一水三火。生於夏至後。一爲暗藏貴人。一爲水火既濟。是又知女命亦宜兼取外格矣。

近代婦女盛倡獨身主義。而歐美再婚之風。吾國亦漸有行之者。可見今後推算女命。尤須與男命同一看法。例如呂碧城女士八字。戊子、乙丑、庚子、己卯。金水輕清。透財以洩其秀氣。雖四柱無官。獨身而已。然在社會上。頗有聞望。其一生境遇。亦殊順遂。惟婦女再嫁者。尚不多見。容蒐集之。以實吾書。又前人推算女命。以貞淫爲重。其實貞淫係生理上問題。初與道德無關。且前人判別貞淫之法。亦多未準。如貴衆合多、桃花、紅豔等說。皆失之附會。惟官煞混雜者。食傷過旺者。水泛火炎者。金剛木盛者。日主干支自合者。皆不免富於性慾。第一例。如某總長女公子八字。丙申、壬辰、乙巳、乙酉。第二例。如某君夫人八字。壬辰、乙巳、庚申、丙子、（人鑑卷上所列某女士八字。亦此例也） 第三例。如名妓雲蘭閣八字。庚子、庚辰、壬申、乙巳。金湘娥八字。丙申、庚子、癸卯、丙辰。皆水泛而土少。某女公子八字。乙巳、癸未、丁卯、丙午、某總長夫人八字。甲午、丙寅、丙午、戊戌。皆火炎而水少。第四例。如某女士八字。庚寅、乙酉、庚戌、癸未。則金剛而火少。名妓花彩珍八字。戊戌、甲寅、甲寅、己巳。則木盛而金少。第五例。如甲午、丙寅、戊子、甲寅、丙申、辛卯、丁亥、壬寅。則日主干支自合。蓋官煞混雜。則是誘我者衆。日主羸柔。將不勝衆人之嬲矣。食傷過旺。則是我去生彼。豈非以身從人妄自琢喪乎。此外干支自合者。情感必富。五行偏枯者。血氣太旺。凡此者。欲其不富於性慾。豈可得哉。又余觀男女八字。凡遇丙子日主者。皆多外遇。蓋丙爲老陽。子爲少陰。有陰陽交媾之象。丁亥日主。亦復略同。蓋丁爲極陰之火。而亥爲純陽之水也。然則。此種現象根於先天之造化而來。與人類同其終始。無所謂貞淫。謂之富於性慾可也。至於女命孤寡之造。愚意今後世風丕變。此類八字。亦必漸減。姑就經驗上所得。聊舉數例。以備一格。（一）官煞太輕者。（二）八字偏枯、或極寒者。（三）無官煞者。（四）官煞眞空者。（五）原有傷官見官者。第一例。如庚午、戊寅、乙未、己卯。行子運尅夫。第二例。如壬午、丁未、庚戌、戊寅。則失之偏枯。癸亥、乙丑、甲申、乙亥。則失之極寒。前者火重金輕。後者水泛木浮。第三例。如己卯、乙亥、甲寅、丁卯。財輕而比刦重。無官煞以去比刦。是也。又如乙未、己卯、庚辰、庚辰。水火兩空。既無官煞以生印。又無食傷以生財。可謂五行乖戾之氣。亦其例也。第四例。如庚子、甲申、乙亥、丙子。生値乙亥旬內。申金官星落於空亡。然秋令金旺。尚非真空。恐其人必再、嫁。另一八字。庚子、甲申、己巳、乙亥。甲己既合官留煞。而乙木七煞。又坐亥水空亡之鄉。且秋木真空。故早寡。（真空得用者。貴而早寡）第五例。如乙酉、辛巳、戊子、壬子。獨官透干受制於辛。毫無救濟者。是也。又凡女命生於冬令。多水。無火者。不論其日主。爲何。非孤。寡。則婢。媼。之命。斷然。無疑。附陳任先都護夫人八字。癸未、癸亥、己卯、丁卯。土寒。而得木火以暖之。殷鑄夫次長夫人八字。丁亥、丙午、庚午、戊寅。火旺。而得亥水以蘇之。前者行丙寅丁卯運。後者行戊申己酉運。皆極順遂。女命喜弱喜清之說。觀此又不攻自破。

論彙合刑冲破害

彙者。申酉戌、亥子丑、巳午未。寅卯辰之類。合者。寅午戌、申子辰、巳酉丑、亥卯未、之類。刑者。寅巳申、卯子、丑戌未、辰午酉亥之類。冲者辰戌、丑未、子午、卯酉、寅申、巳亥、之類。破者。卯午、午酉、子未、卯辰、之類。害者酉戌、丑午、之類。又六合爲寅亥、卯戌、酉辰、子丑、午未。前人談命者。或重視三合。而於六合則忽之。或重視彙合而於刑冲則輕之。或以衝爲主。而不言刑害與破。其說不一。前者有（貪合忘冲）之說。後者有（支神只以冲爲重）之說。愚則謂彙合刑冲破害蓋同一重要惟自刑之力較爲薄弱且彙合吉矣會吉神而化凶則否刑冲凶矣去凶神而從吉則非先合而後冲者謂之合處逢冲以冲爲重先冲而後合者謂之冲中逢合以合爲憑墓庫宜祭其幾微破害要審夫旺弱尤有最可注意者無論彙合刑冲破害應先認準誰爲主體所謂主體即大運之干支是也譬諸大運在庚而八字有甲乃庚去冲甲若八字有丙方爲丙來尅庚大運在辰而八字有戌乃辰去冲戌若八字有辰而大運在戌方爲戌去冲辰其於刑害彙合也亦然皆以大運之干支爲主至此中彙合刑冲破害孰強孰弱何去何從則須視大運之干支與八字之干支在提綱中誰爲得令在四柱中誰爲得黨也

滴天髓有一扼要之語頗可與吾說互相印證即所謂（旺者冲衰衰者破衰神冲旺旺者發）是也子平眞詮於墓庫刑冲之說大肆詆諆可謂知二五而不知一十夫一見墓庫便求刑冲固失之食古不化必謂墓庫以土爲主冲則土動亦非探本之談何則（進氣不死退氣不生與夫節氣存有餘之數混處求分）此二語皆包括墓庫而言非僅限於子午卯酉寅申巳亥也今舉一例吾友游羽霄八字辛卯、庚子、壬辰、戊申行戊運丙辰流年患痢氣而死年甫二十有六蓋其八字提綱中水旺四柱中水尤得黨故戊去冲辰而水愈泛溢坏土不足以塞孟津。反以助成橫流之勢也。亡兄潤南八字。辛巳、丁酉、己未、庚午。巳午未彙成火鄉。丁火透干。行癸運而卒。蓋其八字火旺。故癸去冲丁。而火益烈。杯水車薪。反爲所滅也。又如吾母八字。庚申、辛巳、辛酉、庚寅。行丑運而先君見背。庚子流年。一病不起。蓋其八字。財輕刦重。喜巳官以去比刦。丑與巳酉三合金局。又助比刦之勢。所謂會吉神而化凶也。袁海觀督部八字。丁未丙午戊子戊午。行子運。冲去午刃。周玉山宮保八字。丁酉壬子丁酉壬寅。行午運。冲去子煞。一則子財洩氣。一則午祿帮身。皆位至開府。所謂去凶神而從吉也。又八字中吉神坐庫。本無刑冲者。逢冲必發。其有凶神入墓。本無刑冲者。逢冲必凶。前者如家夷俶三叔八字。癸亥、甲寅、丙辰、丁酉。用正官格。癸水爲官星。行戌運冲辰。冲開水庫。位至方伯。後者如許孟泉姊壻八字。庚辰、癸未、辛亥、壬辰。未中獨殺。衆水制之。已嫌其弱矣。乃運行丙戌。冲開水庫。病遂不起。又合處逢冲者。如蔣百器八字。壬午、庚戌、壬寅、庚子。寅午戌三合火局。而子冲之。冲中逢合者。如張公權八字。己丑、乙亥、癸巳、庚申。巳亥冲破胞胎印綬。而申合之。蔣造忌財。故財合而遇刃冲。反吉。張造喜印。故財冲而遇印合。尤佳。觀此則合處逢冲。以冲爲重。冲中逢合。以合爲憑。不尤彰明較著耶。要之。彙合刑冲破害。變化萬端。難以執一。神而明之。存乎其人。愚所闡發。特其大略耳。餘待續書再詳。

論富貴貧賤壽夭

抑愚於前篇。不嘗云乎。格局既成。分際已定。蓋其人八字排就。一生之富貴貧賤壽夭。可以思過半矣。試舉其概要。凡八字得見不見之形者。上格也。病重有藥者。次之。病藥兩稱者。又次之。五行過於停勻者。爲下。大抵八字中吉神用神。受傷太過。雖富貴不久。濁中有清。危中有救。雖貧賤不長。局全者壽。（納音亦然。）食神無破者壽。旺氣所聚者亦壽。用損者夭。（吉神僅一見。即受損害。亦然。）偏枯無救者夭。秀氣太微而行運不足以濟之者亦夭。第一例。如黃克強八字。甲戌、甲戌、甲寅、丙戌。寅木專祿。而干頭三比分之。支中三官損之。故寅運不壽。湯濟武八字。甲戌、乙亥、戊子、癸亥。戊土日主。陰寒已極。僅戌中丁火正印。略有暖意。又深藏庫中。亥子亥之水。環而攻之。故庚運遇刺。且黃湯二公。雖握政柄。爲期甚暫。第二例。如張紹軒八字。甲寅、丙子、庚申、壬午。似極駁雜矣。而納音二木二水。天干甲丙庚壬互食。皆濁中有淸。王子春八字。辛酉、庚寅、庚子、丙子。獨財生煞。以去比刼。亦其例也。周玉山八字。丁酉、壬子、丁酉、壬寅。以極寒之火。忽得一寅木印綬。便成溫煦。王夔石八字。庚寅、丁亥、乙巳、丁丑。以極寒之木。忽得兩丁火食神。便見陽和皆危中有救。又如閻百川督軍八字。癸未、辛酉、乙丑、丁丑。四柱中七煞太旺。時干一丁。制煞有力。亦其例也。第三例。如伍秩庸八字。壬寅、丁未、己卯、乙亥。地支木局全。柯鳳孫先生八字。庚戌、庚辰、壬寅、庚戌。納音金局全。皆是第四例。如李星野省長八字。丙午、戊戌、甲戌、辛未。丙火食神無破。陳弢菴師傅八字。戊申、壬戌、癸巳、乙卯。乙木食神無破。皆是。第五例。如李文忠八字。癸未、甲寅、乙亥、己卯。曲直成格。旺氣所聚。某名儒八字。壬辰、辛亥、壬辰、辛亥。印祿相生。亦旺氣所聚。凡此者皆壽徵也。第六例。如裕小純姊壻八字。己卯、丁丑、癸丑、辛酉。卯木食神制煞。而酉丑會局冲之。地支無火以制金。故二十九歲丁未流年。行戊運刑丑。遂不獲免。第七例。加表姪女李孔瑢八字。丙午、辛卯、丙寅、庚寅。丙火身旺。雖有庚辛金洩氣而四柱無土以生金。且木多水絕。庚辛金坐於絕地偏枯無救。故十四歲己未流年。行寅運梟神。終於早世。第八例。如游羽霄八字。辛卯、庚子、壬辰、戊申。雖有卯木秀氣。而失之太微。且終其身。行運無寅卯。林亮奇八字。丁亥、己酉、戊子、癸丑。金水洩氣太過。僅一丁火秀氣。又坐於亥子丑之上。自絕其氣。故游止二十六歲。林止三十歲。此外宋雅宦八字。丙戌、己亥、丁亥、辛亥。四柱缺木。丁火過弱。以丙刦爲用。坐於墓絕之上。壬運尅丙。

止三十一歲。黃光弼八字。丙戌、丁酉、庚寅、丁丑。身煞兩旺。而四柱不見食傷。行辛運。陽刃倒戈。止三十四歲。劉子厚八字。己丑、庚午、丙辰、己丑。土多埋金。行丙運、庚金用神受傷無救。止三十歲。此外若朱介人督部八字。癸未、乙丑、壬戌、庚子。丑戌未煞旺。以一乙木制之而被合於庚。故雖早致富貴。再行辛運。即不獲免。亦止三十有五。凡此者。皆夭象也。至於年壽在四十以外者。可云無壽。未得為夭。茲概不列入。

八字起例

凡排一八字。由年起月。由月起日。由日起時。此循序不易之法也。譬諸。王幼山君八字。係五十三歲。九月二十六日酉時。先查五十三歲係何年。即知為丁卯年。應以丁卯二字。列於第一次序。再由丁卯起月。由年起月。以寅為首。其例如下。甲己年。正月起丙寅。二月丁卯。周而復始。(十一月又為丙子也)。乙庚年。正月起戊寅。丙辛年庚寅。丁壬年壬寅。戊癸年甲寅。皆周而復始。正月以下。遞推可也。於是知壬中年九月為庚戌。再以庚戌二字。安於丁卯之次。再由庚戌起日。此則須查歷書。九月二十六日。係何干支。即知為丁未。又以丁未二字。安於庚戌之次。最後為由日起時。以子為首。其例如下。甲己日起甲子。乙庚起丙子。丙辛起戊子。

丁壬起庚子。戊癸起壬子。亦周而復始。(戊時與子時。干頭相同。)於是知丁未日酉時。係己酉。便成壬申、庚戌、丁未、己酉八字矣。此係舉例。餘可類推。但有生於十一月。作爲十二月算者。生於九月。作爲八月算者。則因已交十二月節。或尚未交九月節。故一則應算十二月干支。一則仍以八月干支推算也。例如辛未年十一月二十六日巳時生。因二十六日辰時。已交小寒。則八字應爲辛未、辛丑、壬子、乙巳。又如癸未年九月初三日寅時生。因初九日子時。方交寒露。則八字應爲癸未、辛酉、庚辰、戊寅。餘月類推可也。此外立春在年內者。雖係第一年生人。應作次年算。如王天木八字。壬午、壬寅、丁亥、庚戌。然王係辛巳十二月二十九日戌時生。又如楊杏城八字。辛酉、辛丑、丁亥、甲辰。然楊係壬戌正月初四日辰時生。至於閏月。亦以節候爲標準。如伍梯雲八字。丁亥閏四月二十五日酉時生。其八字爲丁亥、丙午、壬子、己酉。而非丁亥、乙巳、壬子、己酉。餘亦類推。

大運起例

推定命數。以八字爲體。以大運爲用。而大運否泰所係。尤足以補八字所不足。其起例。由日主數至本月節候。三日爲一歲。不足者。亦以一歲算。畸零者。則以兩歲。但由日主數至節候。

如僅四日。應作一歲上運。其畸零之一日。即可從略。如係五日。應作兩歲上運。其畸零之二日。即以三日算。以此類推。七日者係兩歲上運。八日則三歲矣。今分別大運起例於左。

（一）陽男起運順數。例如。

張亞農八字甲戌年正月初六日辰時。是月二十九日驚蟄。由初六順數至二十九。凡二十四日。應作八歲算。甲戌年生人係屬陽男。故其大運起例如下。

四柱	藏干	大運
比甲戌	官イ才	初八丁卯
食丙寅	比食才 祿	十八戊辰
元甲辰	刦才印	廿八己巳
才戊辰	刦才印	卅八庚午
胎元丁巳		四八辛未
立命亥宮		五八壬申

（二）陰男起運逆數，例如。

陳向園八字。癸巳年十月初三日巳時。前月廿九日立冬。由初三逆數至廿九。凡四日。應作一歲算。癸巳年生人。係屬陰男。故其大運起例如下。

八字	註	大運
食癸巳	印官刦	初一壬戌
食癸亥	財亻	十一辛酉
元辛亥	財亻	廿一庚申
食癸巳	官印刦	卅一己未
胎元甲寅		四一戊午
立命丑宮		五六丁巳

(三)陰女起運順數例如。

長女應顧八字丁巳年十一月廿七日辰時。次月廿三日立春。由廿七順數至廿三。凡二十七日。應作九歲算丁巳年生人。係屬陰女。故其大運起例如下。

四柱	注	大運
刃丁巳	才比食 祿	初九甲寅
官癸丑	官財亻 庫	十九乙卯
元丙辰	印食官	廿九丙辰
煞壬辰	印食官	卅九丁巳
胎元甲辰		四九戊午
立命子宮		五九己未

此造應取邀合財貴格。亦見不見之形也。四柱缺金。方爲合格。不以官煞混雜論。

(四)陽女起運逆數。例如。

唐少川夫人八字。壬辰年六月廿三日辰時。是月十四日小暑。由廿三逆數至十四。凡十日。應作三歲算。壬辰年生人係屬陽女。故其大運起例如下。

八字	註	大運
財壬辰	刦財殺庫	初三丙午
卯丁未	印比殺刃	十三乙巳
元己酉	食長生文昌	廿三甲辰
刦戊辰	刦財殺庫	卅三癸卯
胎元戊戌		四三壬寅
立命午宮		五三辛丑

小運起例

小運由時起。陽男陰女順行。陰男陽女逆行。例如乙亥時。順行一歲即丙子。二歲在丑。逆行一歲即甲戌。二歲在酉。皆周而復始。餘可類推。

胎元起例

胎元起例。由八字中所值月令。順推三位即是。例如丙午月。則其胎元爲己酉。庚戌月爲辛丑。餘亦類推可也。惟此法係按十個足月算。而吾人誕生。以九個足月者居多。愚意應由月令。順推四位方合。例如丙午月胎元爲庚戌。而不取己酉是也。似此推算。較爲有驗。至於不足月或過月生者。果其人自知甚準。看是幾個月。隨時可以變更。例如七個足月生者。其胎元應由月令順推六位。例如丙午月胎元爲壬子。十一個足月生者。其胎元應由月令逆推一位。例如丙午月胎元爲乙巳、是也。果能認準胎生月數。則胎元關係。極爲有力。又愚意古今以來。年月日時相同。而遭際各異者。亦復不尠。所謂氣候、根基、及出產地之說。皆未足以盡之。夫吾人誕生。所值年月日時。乃至胎元命宮。既皆與祿命有關。然則。吾人受胎之時。實人生入世最初動機。其關係寧不重大。且受胎之時。斷無相同者。即孿生弟兄。墜地之時雖同。受胎之時。亦必不同。果能知受胎之年月日時。演爲先天八字。今所流行者。演爲後天八字。則吉凶禍福瞭若指掌矣。

命宮起例

凡起命宮。以時爲主。以月將爲用。例如穀雨後。月將在酉。巳時生者。以巳加酉。數至卯字。則知卯加於未上。即以未爲命宮。如係子時。以子加酉。則知卯加於子上。即以子爲命宮。所謂逢卯安命是也。餘可類推。附月將一覽表。

大寒後在子。 雨水後在亥。 春分後在戌。
穀雨後在酉。 小滿後在申。 夏至後在未。
大暑後在午。 處暑後在巳。 秋分後在辰。
霜降後在卯。 小雪後在寅。 冬至後在丑。

五行生旺死絕一覽 （卷首目次誤爲干支二字。）

長沐冠臨帝
生浴帶官旺衰病死墓絕胎養

(甲)亥子丑寅卯辰巳午未申酉戌
(乙)午巳辰卯寅丑子亥戌酉申未
(丙)寅卯辰巳午未申酉戌亥子丑
(丁)酉申未午巳辰卯寅丑子亥戌
(戊)申酉戌亥子丑寅卯辰巳午未 (一說與丙同)
(己)酉申未午巳辰卯寅丑子亥戌
(庚)巳午未申酉戌亥子丑寅卯辰
(辛)子亥戌酉申未午巳辰卯寅丑
(壬)申酉戌亥子丑寅卯辰巳午未
(癸)卯寅丑子亥戌酉申未午巳辰

五行所値節氣一覽 (卷首目次誤爲干支二字。)

(甲)雨水後十五日。大雪前七日。
(乙)春分後十五日。清明後十日。大暑前三日。

（丙）立春後七日。小滿後十五日。

（丁）小暑後十二日。霜降前八日。

（戊）雨水前八日。穀雨後、霜降後。各十五日。處暑前八日。

（己）夏至前七日。大暑後、大寒後。各十五日。

（庚）立夏後七日。處暑後十五日。

（辛）秋分後十五日。寒露後七日。大寒前八日。

（壬）立秋後七日。立冬後十五日。冬至後十五日。

（癸）穀雨前五日。小雪後八日。大雪後十五日。

此外驚蟄後十五日。甲乙共之。芒種後八日。丙戊共之。小滿前八日。亦丙戊共之。白露後十五日。庚辛共之。又乙木丁火己土、辛金、癸水。在午、酉子、卯月。各長生三日。

各種神煞擇要

愚觀前人所箸命書。羅列神煞。不可更僕。而以三命通會爲尤。然愚就經驗上觀之。似多無驗。今擇取數種。

(一)貴人。

甲戊庚年日。　以丑未爲貴人。
乙己年日。　以申子爲貴人。
丙丁年日。　以酉亥爲貴人。
六辛年日。　以寅午爲貴人。
壬癸年日。　以卯巳爲貴人。

(二)驛馬

寅午戌年日。以申爲驛馬。
申子辰年日。以寅爲驛馬。
亥卯未年日。以巳爲驛馬。
巳酉丑年日。以亥爲驛馬。

(三)祿刃。

甲祿在寅。　刃在卯。

乙祿在卯。　刃在辰。
丙戊祿在巳。　刃在午。
丁己祿在午。　刃在未。
庚祿在申。　刃在酉。
辛祿在酉。　刃在戌。
壬祿在亥。　刃在子。
癸祿在子。　刃在丑。

(四)咸池。

寅午戌年日。　以卯爲咸池。
申子辰年日。　以酉爲咸池。
亥卯未年日。　以子爲咸池。
巳酉丑年日。　以子爲咸池。

凡寅午戌年日。其干上爲丙丁。申子辰年日。其干上爲壬癸。亥卯未年日。其干上爲甲乙。巳酉丑年日。其干上爲庚辛者。方以眞正咸池論。例如丙戌年或丙午日。見卯字。壬辰年或壬申日。見酉字。其影響較鉅。否則稍輕。取驛馬之法亦同。

又甲辰旬內、皆謂之魁星。庚戌、庚辰、壬辰、壬戌、四日。謂之魁罡。十干祿前一位。謂之文昌。此外天赦日、十惡大敗日。陰錯陽差日孤鸞、紅豔、天月二德。雖間亦有驗。多其八字。本有其他凶神。或吉神者。偶值此煞。非必此煞遂能爲人吉凶禍福也。孤鸞之說。惟丁巳辛亥日。取坐下傷官得祿。而官星自絕。差復近理。顧何以解於甲寅、戊申、哉。（甲寅、戊申。雖亦官絕。而食神得祿。可以生財。）

帝闕帝座之說。亦多奇驗。附載於左。

生年對冲者。謂之帝闕。亥爲天門。亦爲帝座。

五行納音一覽

甲子、乙丑。海中金。　甲午、乙未。砂中金。
丙寅、丁卯。爐中火。　丙申、丁酉。山下火。
戊辰、己巳。大林木。　戊戌、己亥。平地木。

庚午、辛未。路傍土。
壬申、癸酉。劍鋒金。
甲戌、乙亥。山頭火。
丙子、丁丑。澗下水。
戊寅、己卯。城頭土。
庚辰、辛巳。白臘金。
壬午、癸未。楊柳木。
甲申、乙酉。泉中水。
丙戌、丁亥。屋上土。
戊子、己丑。霹靂火。
庚寅、辛卯。松栢木。
壬辰、癸巳。長流水。

庚子、辛丑。壁上土。
壬寅、癸卯。金箔金。
甲辰、乙巳。覆燈火。
丙午、丁未。天河水。
戊申、己酉。大驛土。
庚戌、辛亥。釵釧金。
壬子、癸丑。桑柘木。
甲寅、乙卯。大谿水。
丙辰、丁巳。砂中土。
戊午、己未。天上火。
庚申、辛酉。石榴木。
壬戌、癸亥。大海水。

民國十三年八月出版

著作者　觀瀑主人

北京前門外虎坊橋

印刷者　京華印書局

南河沿十二號

發行者　北京復報社

寄售者　京滬各書坊

定價每部大洋四元正

林庚白家傳

亡友庚白殉義九龍後一年又四月，其儷侶北麗女士始來桂林，乞余爲家傳，余弗忍辭。

傳曰：庚白初諱學衡，字浚南，別署衆難，晚乃以庚白行，福建閩侯人也。閩多林氏，而族系不相聯，各以文章事業，軒軒然爭雄於數百里間。少穆盡瘁以後，如嶥谷之殉燕市，廣塵、靖庵、意洞之殉廣州，宗孟之殉遼瀋，咸與國運有關。庚白死後，乃爲太平洋戰爭之犧牲者，亦何慚於黃花三傑哉！庚白簪纓奕世，而少失怙恃，獨姊氏撫育之。賦性穎悟，七歲讀書，能爲斷句，負神童之目。八歲游燕都，始入學校。十四歲肄學太學，與同舍生姚錫鈞、汪國垣、王易、周公阜、胡先驌相酬唱，又與錫鈞合刋太學二子集行世。明年辛亥，義師起武昌，虜廷用袁世凱，爲以華制華計；庚白偕同舍生粱漱溟等淑京津同盟會，謀西聯吳祿貞於石莊，東援白雅雨於灤州，而奇才劍客復從中而起，則宛平可唾手得也。吳白既殞，和議遂成。庚白始南下，復與某鉅公暨亡友陳子範創黃花碧血社於滬上。時彭壽松以同盟會健者專閩政，世凱甚忌之，則起岑春萱鎭撫福建，以驅彭氏；蓋閩定而後湘粵贛皖可以次第覬覦已。庚白與子範謀，將遣刺客，邀春萱於滬而殛之；會子範製爆裂彈失愼自炸死，遂不果。時庚白已被推爲衆議院議員，既失職，浮沈自晦，猶居燕觀變。籌安之役，力言祖龍當以明歲死；蓋假京房郭璞之術，陰以歆動當世，扇揚民氣，其用心至苦。顧卒以是負謗於流俗，迄身後猶騰詬不置，悲夫！張勳復辟，北平方巷戰，砲彈落所居里巷間，幾殆。事定，段祺瑞乃自以爲功，再度解散國會。 國父孫總理即令程璧光率海軍南下廣州，奠護法之基；而庚白方任衆議院秘書長，亦受命盡攜院中樞密文件，間關入粵。國會非常會議於以告成，擧 國父爲軍政府海陸軍大元帥，命劉建藩率師北伐。是役也，論者輒謂庚白之功，不在璧光下云。旋奉 國父命入滇，游說唐繼堯，唐一見傾倒，禮爲上賓。顧形勢牽掣，滇師卒不能盡出；而岑春萱、陸榮廷復勾結議僚中不肖者，謀傾 國父。民國七年戊午五月一日， 國父辭大元帥職，退居七總裁之一。庚白知事未可爲，拂衣走海上，始治歐美社會主義之學，旁逮其文藝。復發篋盡讀中國古詩人之詩，上溯葩經屈騷，下逮曹植、阮籍、陶潛、謝朓、杜甫、韓愈、白居易、李賀、李商隱、韓偓、王安石、黃庭堅、陳無已、蘇軾、歐陽修、梅聖俞、陸游、楊萬里、劉克莊等十九家，晨夕諷誦，如是者可十稔。迄十七年戊辰，庚白年三十二，而其詩始大成；蓋鎔經鑄史，兼擅魏晉唐宋之長矣。顧未能忘情世事，國民政府奠鼎南都，頗參樞要。倭夷陷遼瀋；旋寇淞滬，國府召開國難會議於洛陽，庚白主戰最力。還都後任立法院立法委員者有年。二十六年丁丑，討倭軍興。庚白方居滬上，毅然入都門，與當道共患難。著『抗日罪言』若干言，言極剴切，世未能盡用。南都既陷，倉皇走武漢，復刋布小册子，名曰「國民黨站起來」；所以爲黨國謀者，蓋如是其忠且摯焉。居渝都數載，未有所展希，而詩益遒上。嘗謂：『十年前論今人詩，鄭孝胥第一，余居第二；頃則尚論古今人，余居第一，杜甫第二，孝胥卑卑不足道矣。』又謂：『余勝杜甫，非必以才凌轢之；蓋余之處境，杜甫所無，時與世皆爲余所獨擅，杜甫不可得而見也。』其自信如此。顧庚白詩自佳，與其論政之文，實爲雙璧；皆足推倒一世智勇，開拓萬古心胸，如陳亮所言者。嘗上書當道，謂今日之局，所慮者爲三無、七害、十二賊，而不可不救之以六事。文長千餘言，惜其稿殘缺不盡傳。世多夸毗小夫，或驚怖其政見，以爲河漢；或又言庚白從政不得志，乃寄其牢騷於論詩，謂當目笑存之，皆非知庚白者也。卅年十二月一日，自渝乘飛機赴香島，欲與清流碩望共檢討家國事。時太平洋戰機已逼，蓋亦冒萬險而爲之者，豈復計其個人之安危否耶！抵港甫一週，戰事遂作。是月十二日夜，倭陷九龍，誤傳庚白爲國民黨中央委員，索之甚亟，至以焚巢相恫嚇。庚白方居今巴利道月仙樓友人家，不欲株累其里鄰，急謀覓室遷避。十九日下午，偕北麗行抵天文臺道中，邂逅倭之巡邏者，遂被執。倭不識庚白，徒見其出自月仙樓，遽脅誘爲嚮導，使覓林某。庚白亦僞爲不知者，與語良久；倭卽釋之矣，復執以歸。如是者再，庚白脫險亟行，倭舉鎗擬之。時北麗在後，爲他倭所阻，禁不與庚白近。旣見事迫，趨向前，則鎗彈已發，洞北麗右臂復出，中庚白背，遂並仆。倭本無殺人意，見已肇禍，遽逸去。北麗先起，欲引庚白歸，而力弗勝。庚白促北麗返屋，以人來援。北麗入屋復出，呼同居者與俱。行未數步，創發不能支，急復歸屋；第乞同居者援庚白。其人已慨諾矣，乃竟背約，棄庚白弗顧。迨北麗昏厥三小時復蘇，始更以人覓庚白，則流血過多，已弗可救，而囊金且盡喪云。嗚呼，黃鳥殲良，百身莫贖；夫己氏之肉，詎足食哉！庚白生中華民國紀元前十五年丁西舊曆閏三月二十日，歿三十年辛巳國曆十二月十九日，春秋四十有五。遺骸藁葬天文臺道菜園中，倉促求棺木弗得，僅以朱衾殮體，倘馬援所謂大丈夫當以馬革裹尸者歟！遺詩刊布最早者，爲太學二子集，次爲急就集，爲舟車集，今皆不可覓。十七年以後，往來秣陵滬瀆間，有藕絲集、爨餘集，已燬於一二八之役；過江集與空前詞，藏瀏陽黃淑儀許，未得見。二十五年起，爲水上集三卷，爲吞日集八卷，爲角聲集四卷，爲虎尾前後集各一卷，今存。曾輯今詩選，自林文起，至嚴既澄止，得百餘家，稿未完成，僅有什一，別附鄭孝胥、汪兆銘、梁鴻志三逆詩，蓋寓兗鉞之義於詩史者；今擬寫定之爲今詩選殘稿一卷，與麗白樓文賸一卷，詞賸一卷，語體詩賸一卷，詩話二卷，虎穴餘生記一卷，並附水上、吞日、角聲、虎尾諸集後，合爲麗白樓遺集行世。顧今詩選中、自選獨多，其取材又不限於吞日、角聲兩集，則擬輯爲麗白樓自選詩一卷別行云。當港九淪陷時，全稿落倭夷手，幾與車塵馬足同盡；桐城章曼實任俠好義，以奇計出之，始歸趙璧，其功有弗可泯滅者。梓行有日，編纂校訂之役，余與北麗尸之。而臨桂朱生蔭龍，陳生迺多輩，亦踴躍執簡以從。庚白地下有知，庶幾無憾歟？庚白少孤露，以母視女兄。女兄適同邑許氏，因其以小姑爲庚白婦，結褵時庚白年甫十七耳。顧性情頗不相中；民國十八年庚白自居秣陵，暱某女士，遂與許解褵。某女士旋負庚白，庚白旁皇無所歸；如是垂十稔，始與北麗遇。北麗亦閩侯林氏，與庚白非一宗。父亮奇先生，諱昶，更名景行，別字寒碧，丰姿俊美，博學能文，尤嗜吾家子厚詩。初習法政於櫻島，歸國後與桃源宋教仁相友善，嘗辟爲僚佐；教仁既遇害，發憤走關外，謂如管幼安之依公孫度也。討袁軍起，始返滬上，主時事新報，新會梁啟超倚之如左右手。一夕，自報社出，詣啟超許，行馬霍路中，爲英人克明汽車所轢，死之。時北麗生甫十八日耳。太夫人崇德徐氏，名蘊華，字小淑，別署雙韻，爲鑑湖秋俠弟子。其女兄懺慧詞人徐自華，則與鑑湖訂刎頸交，軒亭流血，營冢西泠，遭清御史常徽彈射，幾罹不測，後翊雄女校滬上，爲秋俠紀念，與妹氏並稱浙西二徐者是也。北麗濡染家學，秀外慧中，使氣矜才，不可一世，顧獨重庚白。其結褵南都，蓋在二十六年丁丑抗戰軍興後大轟炸中。時庚白春秋已四十一，北麗則問年二十二云。余識庚白，在民元壬子，作介者陳子範暨其邑人林之夏，遂入南社，每共唱酬。亮奇小淑伉儷，則亦南社社友也。民國二十年，余在滬上，復晤庚白，恆偕安化謝冰瑩女士過余寓廬；則其詩已能開闢戶牖，非復民元時代比矣。三十年島上，僅獲再面，遂成永訣，悲夫！庚白初在渝都，書來每以不能罄衷曲爲恨；謂國家大計，世界形勢，胸中森然俱在，會當抵掌盡言之。南游匆促，猶未傾談，不意廣陵散從此絕也。顧自北麗來桂林，余與從容談論，質以所見，頗不謬。蓋余與庚白，政治文學，自信見解略同；所不同者，或其瑣碎處耳。庚白已矣，余猶健在，謂當與北麗左提右挈，戮力中原；則北麗所以慰庚白於九原者，亦庶幾其在是矣。至於料量遺稿，刋布流傳，後死之責，所不敢辭。庚白子女共九人：應震、應頤、應升、應乾、應咸、應庚、許出；應抗、應勝、應同，北麗出。同爲遺腹，蓋庚白殉義後九閱月，始產於香港廣華醫院云。

柳亞子曰：庚白少余十稔，當不自意先余死；香島之役，余亦在籠城中，幸賴友生之力得脫，更不意庚白之遽殉也，悲夫！庚白自渝來港，擬創詩人協會，及著民國史，欲爲中國詩史兩途開一新壁壘，此誠未竟之業；當今之世，舍我其誰，願與北麗交勉之耳！

庚白的死

「不打倭寇，中國的命運一定就完了。」這是「九一八」以後，庚白非常憂心的話。終於民國二十六年的「七七」，抗日的第一砲在蘆溝橋發了出去，庚白興奮得竟跳了起來；接著，他便撤消了滬寓，搬去南京住，他以爲從此中國便走上了得救的路，也走上了前進的路。他深信住在抗日的中心地——南京——多少可以貢獻一點自己的力量；他平素的抱負，總不至於變成完全的浪費。南京淪陷了，我們倆在淪陷後的第十天，便也狼狽的到達了漢口。他抗日的決心依然很熱烈，對抗戰的前途也依然很樂觀。他日夜不停的寫「抗日罪言」，寫「國民黨站起來」。他深信抗戰的最後勝利，一定屬於我們的。但在艱苦的鬥爭時期，我們千萬不可以光喊「抗戰必勝，建國必成」的口號爲滿足。我們必須先行改進自己，充實自己。

西遷後整整地過了四年，庚白焦心苦慮的結果是什麼呢？十卷的詩——我稱他爲閉門的吶喊——和半頭的白髮吧了！三十年的歲末，他決定離開陪都，和我們作一次港島的旅行。他想藉這個機會，找旅港的文化人，共同檢討一切。又預備在香港辦一個日報，發表他十數年來的政見。（這件事和南洋華僑某鉅公已有接洽，由這位先生擔任經費。）還想創一個詩人協會和著一部「民國史」；替中國詩史兩途開一新壁壘。誰知道抵港僅七天，太平洋戰事爆發，跟著九龍的淪陷，庚白竟以身殉國了。他在幼年時就愛諸葛孔明，長大了自負是現代的諸葛亮。我在悼亡的今天，想到「出師未捷身先死，長使英雄淚滿襟」的詩句，怎能禁得住無窮的哀痛呢！

庚白和我帶了兩個孩子，在三十年十二月一日，乘峨嵋號飛機離渝，當夜三時到九龍。在雅蘭亭旅邸住了一夜以後，第二天就搬到柯士甸道客來門飯店。八日天亮，忽聽得飛機轟炸的聲音，才知道意外的戰事已經開始了，十一日那天，前線的戰事很緊急；住在飯店裡的人，都恐怕獸兵會佔擄客來門，作爲他們的司令部。於是我們就答應了淑儀的邀請，搬到今巴利道月仙樓二號，住在她的家裏。誰知十二日夜裏，九龍陷落以後，庚白竟成了敵軍要找尋的目標。因爲當時有低能的間諜，向敵軍報告，把庚白誤認作中國國民黨的中央委員，想居爲奇貨。十七日正午，有四個獸軍軍官，再度來找庚白；幸而他逃避在隔鄰葉秋原夫人的家裏，沒有被碰見。獸兵却見着了我，就對我說：「林委員是躲藏了吧？請你轉告他，趕快到我們司令部去一下，升官發財，要什麼有什麼。用不着骸怕，我們連一點壞意都沒有。因爲在這裏英國人才是我們的仇敵。至於你們中國人，正是我們的好朋友；我們是代你們中國人向英國人收復失地哩。但如果林委員不信任我們，不和我們合作；那麼三天以後，我們只好不客氣了。你們這座房子，怕就保全不了，禁不起我們放火一燒呢！」此時月仙樓的主人——淑儀——過海去了，當然不能回來，也不敢回來。同住的人很多，他們都就心會受影響而貽害他們，於是硬楚歌四面起來。庚白在這種情勢之下，覺得住在那裏，實在是太不合式了。到了十九日的下午，港九隔海對峙的戰事，比較沉寂一些。庚白便從後門出去，想另找避難的所在。可是那幾天，鬼子常在路上戒嚴，我怕他太大意，鬧出亂子來，想阻止他不要出去，他個性很强，又不肯聽我的話；沒有辦法，只好追踪跟出去。誰知道庚白一出後門口，就碰到五個獸兵，拉住了他，要他引路去找林委員。原來鬼子根本不認識庚白，那天庚白穿了一件舊棉袍，很像一個鄉下佬，當然鬼子更不能辨認廬山眞面了。但他們看見庚白是從月仙樓二號後門走出來的，所以一定要他引路，還拿了許多鈔票和手錶給他做引路的酬勞費。庚白連連搖頭，表示不曉得什麼叫做林委員。一個獸兵硬拉著他，自天文台道上坡口直趨下坡口站住。而我當時被獸兵阻住，不許跑下來，只好站在上坡口，提心弔胆地窺探。不一會兒，看見一個獸兵，拍拍庚白的肩頭，表示可以放他走了。庚白很從容不迫地，從下坡口走向上坡口來，走不了十幾步，突然一個獸兵搶步趕來，又把庚白扯了下去，盤詰不休。盤詰以後，一個獸兵又踢他一脚，表示叫他走吧。庚白這一次走上來，比上次急一些，想是怕獸兵再拉他回去，但剛到半路，五個獸兵忽然自己爭論起來。一個獸兵竟拿起駁殼槍直對庚白背後瞄準著。我看到時機警迫，也顧不了自己的危險與否，急忙奔下坡去，想設法營救。說時遲，那時快，子彈已經發出，竟從我的右臂穿過，再打中了庚白的背部。於是我倆跟著槍聲，同時倒地。但我並不知道自己已經受傷，居然還能夠立起來。這時候，獸兵好像知道自己闖了亂子似的，已一鬨逃走了。於是我便喊庚白起來回家，庚白道：「我覺得心臟有些麻木，大概是被石塊碰傷了。一時實在站不起來，休息一會再走吧。」我認爲逗留在馬路上，太不妥當，便下意識的用左手去拉他起來。庚白擡起身來，見我血淋淋地，半件旗袍都給染紅了，心中一嚇，又倒了下去，叫著我的小名道：「淞！你怎麼還拉我？我沒什麼，你却被打傷了。血流得這麼多，那是會死的呢！趁現在還能夠支撐，趕快回家，請他們找個醫生來止血，我不要緊，歇一刻就回來看你。快回去！淞！」我被他說破後，也就心慌意亂，再沒有力氣可以去拉他起來，只流連在他的身旁叫著：「掙扎吧！白！起來；我和你一塊兒回去。」他見我老不肯先走，突然發怒道：「淞！你不聽我的話嗎？你平時是很有理智的，今天爲什麼這樣的不中用？難道站在這裏，等兩個人一同死去嗎？快回去，叫個工人來扶我。是救你自己，更是救了我！」我也覺得僵立在路上，是不會有好結果的，便急忙跑回月仙樓二號，請了一個同居的人，一塊兒出來。誰知跑到天文臺道的上坡口，已不能支持。便指著庚白睡倒的地方，求他去扶庚白起來；一面自己又跑回二號去，剛進屋子，就昏迷不省人事了。等到醒來後，醫生正在替我打急救針。淑儀的朋友沈，也趕了來幫忙，我連忙問他：「庚白怎麼樣了？」他們都說：庚白受了輕傷，比我輕得多，已送進了法國醫院，一二星期便可以出院，但因爲法國醫院住有獸兵，不收女病人，所以我不能夠同去住在一起。此後我因爲發現右臂的骨頭已經打斷了，便進了桂醫生的診所，留著醫治。一次又一次，一人又一人，凡是來看我的朋友，總說庚白的傷勢並不十分輕，但已漸漸好轉，只是醫藥不很好，出院恐得還遲些時候，不過危險是絕對沒有的。於是我也就深信不疑了。哪兒想得到，我昏迷以後，庚白並沒有被救回來。直到我醒後問起沈才知道，再去找他；此時已在受傷後的第四點鐘，哪兒還有活的希望呢？這樣英才豪氣不可一世的庚白，就寃寃枉枉的斷送了！他是丟了，他永遠不再回來了！他的遺體，沈和幾個朋友，就在天文臺道菜園的一角，草草地藁葬著；連棺木也沒有，眞是應了「大丈夫馬革裹屍」的讖語哩！他的遺稿，被藏匿在淑儀的秘密文件室裏，沒有人肯去拿出來。幸而一個月後，靠著俠義雙全的曼實，他冒著幾度的危險，不顧一切地找了出來。於是託人先帶回曲江，仍交淑儀保管，因爲淑儀先已回到曲江來了。這一次我由港回國，先赴曲江，但淑儀爲了別種關係，又匆匆地離去了，連一面都見不到。我託了她家庭的保管人，好容易開了她的一隻文件箱，細細地找尋過。但過江集和空前詞二種，不知道什麼緣故，竟已大索不得了。現在所找到的，只有水上集三卷，呑日集八卷，角聲集四卷，以及麗白樓詩話殘稿一本，今詩選殘稿二本，虎穴餘生記數頁，虎尾前集及虎尾後集各數頁，正在替他整理，以待付印。庚白！你不是曾經說過：你的氣節比軀體更重要，你的詩稿比生命更寶貴嗎？那末，你這一次慷慨捐軀，義聲昭著，也可以說不辜負你平生的期許了；雖然你的才情和你的抱負，還沒有展佈到萬分之一。還有你的詩稿，我居然替你保存了一部份，雖然並非全璧，但總算還不至於全軍覆沒呢。庚白：你還是安心的去吧！要是文字有靈的話，在中國革命史和文學史上，都應該有你底地位，但是我呢？難道除了低吟著最近所作「生死惟餘夢寐親，心憐能結再來因……」兩句殘詩以外；便沒有什麼可以自慰了嗎？為了你，為了我自己，我應該找到我的崗位，負起我的責任來！這樣百年以後，我也可以很光榮的和你握手於地下吧！

正文已寫完了，但似乎還有幾句話要講：庚白，你知道你這一次在九龍殉國以後，外邊對於你還有許多寃枉的誤會嗎？第一點，是講你迷信算命，為了流年的不利，怕在渝有空襲的危險，所以逃到香港；結果呢？命是算準了，但命也送掉了。這件事，本來也可以算是你的弱點。你不是常常喜歡給人家算命，並編有「人鑑」和「廣人鑑」兩書麼？（「人鑑」二十年前付印，現絕版；「廣人鑑」未完成，只有殘稿留著。）這在你，小一半是癖好所在，大一半怕還另有著韜晦和掩蔽的作用吧。但你這一次離渝赴港的原因，我在上面不早已講得清清楚楚了嗎？哪兒是爲了迷信？哪兒是爲了趨避呢？空襲在重慶，從五月到八月，才是最嚴重的季節，你去港島，是在十二月初旬，這要算重慶最安全的時候，哪兒會有逃避空襲的事情呢？低能和白痴都不能相信的話，却居然有人傳說，有人紀載起來。他們因爲你會算命，而笑你爲迷信，但又因爲你算準了命而連他們自己也迷信起來；泥古不化者流，更比你爲郭璞，那不是對你太開玩笑了嗎？這是你死後受寃的第一點。第二點呢，說你輕率浮躁，不顧好歹，在戒嚴的地方散步；便因爲不懂敵人哨兵的話，不聽他們的禁止而被他們開槍打死了。更有無聊的人們，還揑造謠言，講是我在房子裏悶得慌，要出門散步，你却是陪我出去而遭受池魚之殃的呢。你平生做事不免有些急躁，這個也是事實；但這一次，爲了間諜的告密，爲了獸兵的窺伺，更爲了同居方面的安全起見，所以毅然冒險出去尋覓別的避難地方，哪兒是悶得發慌出去散步呢？並且，這時候獸兵四處强拉花姑娘，人心正在恐慌浮動之秋，我又不是三歲小孩，難道眞替自己去找死，更會找了你去陪死嗎？這是你死後受寃的第二點。第三點呢，有人說你既然認自命爲研究國際的專家，自命爲現代的諸葛亮，爲什麼連日本鬼子會掀起太平洋戰爭的決心也看不到，而特地到港島來找死呢？這一點，我也無從替你辯護。因爲你到了港島以後，有人問你，太平洋戰事是否會爆發，你完全肯定的否認，還說出：「日本撒嬌，英美作態。」這八個字來，斷定鬼子不敢動武。不過話還得說回來這一次鬼子掀起太平洋戰爭，對他本身實在是一種切腹的舉動，是瘋狂了才會動手的。鐵腕外交家陳友仁不是也說過嗎？「日本鬼子無論如何何不會動武的，除非他是瘋狂了。」瘋狂的人還可以講到利害嗎？從來研究國際問題的人，只是從利害上檢討一切的。現在鬼子的舉動，正是所謂「人急跳梁，狗急跳牆」，又可以說是：「油糊了竅，豬油迷了心」，的確是在人類正常思慮範圍以外的。所以不特當時旅港文化人的看法，都和庚白一般，毫無準備；就是英美大政治家像邱吉爾、羅斯福之流，在太平洋戰爭初起後，顯然也露出手忙脚亂的形狀來。那末，他們還不是和庚白一樣的上當，哪兒可以獨獨苛責於庚白呢？人家不把估計錯誤來攻擊邱吉爾而單索垢尋瘢到庚白身上來，這是他死後受寃的第三點。本來「人非聖賢，誰能無過，」我也不是一定要替庚白辯護，把他描寫做一個當世的完人。不過，太過於捕風捉影之說，流傳衆口，也是不對的。所以這段尾巴，我看也還是不能省掉的吧。

三十二年四月二十八日夜北麗於桂林

占筮類			
1	擲地金聲搜精秘訣	心一堂編	沈氏研易樓藏稀見易占秘鈔本
2	卜易拆字秘傳百日通	心一堂編	
3	易占陽宅六十四卦秘斷	心一堂編	火珠林占陽宅風水秘鈔本
星命類			
4	斗數宣微	【民國】王裁珊	民初最重要斗數著述之一；未刪改本
5	斗數觀測錄	【民國】王裁珊	失傳民初斗數重要著作
6	《地星會源》《斗數綱要》合刊	心一堂編	失傳的第三種飛星斗數
7	《斗數秘鈔》《紫微斗數之捷徑》合刊	心一堂編	珍稀「紫微斗數」舊鈔秘本
8	斗數演例	心一堂編	
9	紫微斗數全書（清初刻原本）	題【宋】陳希夷	斗數全書本來面目；有別於錯誤極多的坊本
10－12	鐵板神數（清刻足本）——附秘鈔密碼表	題【宋】邵雍	無錯漏原版秘鈔密碼表　首次公開！
13－15	蠢子數纏度	題【宋】邵雍	蠢子數連密碼表　打破數百年秘傳　首次公開！
16－19	皇極數	題【宋】邵雍	清鈔孤本附起例及完整密碼表　研究神數必讀！
20－21	邵夫子先天神數	題【宋】邵雍	附手鈔密碼表　研究神數必讀！
22	八刻分經定數（密碼表）	題【宋】邵雍	皇極數另一版本；附手鈔密碼表
23	新命理探原	【民國】袁樹珊	子平命理必讀教科書！
24－25	袁氏命譜	【民國】袁樹珊	
26	韋氏命學講義	【民國】韋千里	民初二大命理家南袁北韋　北韋之命理經典
27	千里命稿	【民國】韋千里	
28	精選命理約言	【民國】韋千里	
29	滴天髓闡微——附李雨田命理初學捷徑	【民國】袁樹珊、李雨田	命理經典未刪改足本
30	段氏白話命學綱要	【民國】段方	民初命理經典最淺白易懂
31	命理用神精華	【民國】王心田	學命理者之寶鏡

編號	書名	作者	備註
32	命學探驪集	【民國】張巢雲	稀見民初子平命理著作 發前人所未發
33	澹園命談	【民國】高澹園	
34	算命一讀通——鴻福齊天	【民國】不空居士、覺先居士合纂	
35	子平玄理	【民國】施惕君	
36	星命風水秘傳百日通	心一堂編	
37	命理大四字金前定	題【晉】鬼谷子王詡	源自元代算命術
38	命理斷語義理源深	心一堂編	稀見清代批命斷語及活套
39－40	文武星案	【明】陸位	失傳四百年《張果星宗》姊妹篇 千多星盤命例　研究命學必備
相術類			
41	新相人學講義	【民國】楊叔和	失傳民初白話文相術書
42	手相學淺說	【民國】黃龍	民初中西結合手相學經典
43	大清相法	心一堂編	重現失傳經典相書
44	相法易知	心一堂編	
45	相法秘傳百日通	心一堂編	
堪輿類			
46	靈城精義箋	【清】沈竹礽	沈氏玄空遺珍 玄空風水必讀
47	地理辨正抉要	【清】沈竹礽	
48	《玄空古義四種通釋》《地理疑義答問》合刊	沈瓞民	
49	《沈氏玄空吹虀室雜存》《玄空捷訣》合刊	【民國】申聽禪	
50	漢鏡齋堪輿小識	【民國】查國珍、沈瓞民	
51	堪輿一覽	【清】孫竹田	失傳已久的無常派玄空經典
52	章仲山挨星秘訣（修定版）	【清】章仲山	章仲山無常派玄空珍秘 門內秘本首次公開 沈竹礽等大師尋覓一生末得之珍本！
53	臨穴指南	【清】章仲山	
54	章仲山宅案附無常派玄空秘要	心一堂編	
55	地理辨正補	【清】朱小鶴	玄空六派蘇州派代表作
56	陽宅覺元氏新書	【清】元祝垚	簡易・有效・神驗之玄空陽宅法
57	地學鐵骨秘　附　吳師青藏命理大易數	【民國】吳師青	釋玄空廣東派地學之秘
58－61	四秘全書十二種（清刻原本）	【清】尹一勺	玄空湘楚派經典本來面目 有別於錯誤極多的坊本

62	地理辨正補註　附　元空秘旨　天元五歌　玄空精髓　心法秘訣等數種合刊	【民國】胡仲言	貫通易理、巒頭、三元、三合、天星、中醫
63	地理辨正自解	【清】李思白	公開玄空家「分率尺、工部尺、量天尺」之秘
64	許氏地理辨正釋義	【民國】許錦灝	民國易學名家黃元炳力薦
65	地理辨正天玉經內傳要訣圖解	【清】程懷榮	秘訣一語道破，圖文并茂
66	謝氏地理書	【民國】謝復	玄空體用兼備、深入淺出
67	論山水元運易理斷驗、三元氣運說附紫白訣等五種合刊	【宋】吳景鸞等	失傳古本《玄空秘旨》《紫白訣》
68	星卦奧義圖訣	【清】施安仁	
69	三元地學秘傳	【清】何文源	
70	三元玄空挨星四十八局圖說	心一堂編	三元玄空門內秘笈　清鈔孤本 過去均為必須守秘不能公開秘密 與今天流行飛星法不同
71	三元挨星秘訣仙傳	心一堂編	
72	三元地理正傳	心一堂編	
73	三元天心正運	心一堂編	
74	元空紫白陽宅秘旨	心一堂編	
75	玄空挨星秘圖　附　堪輿指迷	心一堂編	
76	姚氏地理辨正圖說　附　地理九星并挨星真訣全圖　秘傳河圖精義等數種合刊	【清】姚文田等	
77	元空法鑑批點本——附　法鑑口授訣要、秘傳玄空三鑑奧義匯鈔　合刊	【清】曾懷玉等	蓮池心法　玄空六法 門內秘鈔本首次公開
78	元空法鑑心法	【清】曾懷玉等	
79	曾懷玉增批蔣徒傳天玉經補註【新修訂版原（彩）色本】	【清】項木林、曾懷玉	
80	地理學新義	【民國】俞仁宇撰	
81	地理辨正揭隱（足本）　附連城派秘鈔口訣	【民國】王邈達	揭開連城派風水之秘
82	趙連城傳地理秘訣附雪庵和尚字字金	【明】趙連城	
83	趙連城秘傳楊公地理真訣	【明】趙連城	
84	地理法門全書	仗溪子、芝罘子	巒頭風水，內容簡核、深入淺出
85	地理方外別傳	【清】熙齋上人	巒頭形勢、「望氣」「鑑神」
86	地理輯要	【清】余鵬	集地理經典之精要
87	地理秘珍	【清】錫九氏	巒頭、三合天星，圖文並茂
88	《羅經舉要》附《附三合天機秘訣》	【清】賈長吉	清鈔孤本羅經、三合訣法圖解
89-90	嚴陵張九儀增釋地理琢玉斧巒	【清】張九儀	清初三合風水名家張九儀經典清刻原本！